Ich, Nojoud, zehn Jahre, geschieden

© Delphine Minoui

NOJOUD ALI freut sich, nach ihrer Befreiung aus der Zwangsehe, wieder zur Schule gehen zu dürfen. Sie träumt davon, Anwältin zu werden, um anderen Menschen helfen zu können.

DELPHINE MINOUI ist Journalistin und arbeitet unter anderem für Le Figaro, Le Soir, L'Express und Radio France. Sie ist Nahost-Expertin und lebt zurzeit in Teheran.

Nojoud Ali
mit Delphine Minoui

Ich, Nojoud, zehn Jahre, geschieden

Aus dem Französischen von
Andreas Riehle und Thomas Wollermann

Weltbild

Die französische Originalausgabe erschien 2009
unter dem Titel *Moi, Nojoud, 10 ans, divorcée*
bei Michel Lafon.

Besuchen Sie uns im Internet:
www.weltbild.de

Genehmigte Lizenzausgabe
für Verlagsgruppe Weltbild GmbH,
Steinerne Furt, 86167 Augsburg

Ein Unternehmen der Droemerschen Verlagsanstalt
Th. Knaur Nachf. GmbH & Co. KG, München.
Übersetzung: Andreas Riehle und Thomas Wollermann
Innenteilabbildungen: © Delphine Minoui
Umschlaggestaltung: ZERO Werbeagentur, München
Umschlagmotiv: © Delphine Minoui
Gesamtherstellung: GGP Media GmbH, Pößneck
Printed in the EU
ISBN 978-3-8289-9613-7

2012 2011 2010 2009
Die letzte Jahreszahl gibt die aktuelle Lizenzausgabe an.

1. Im Gericht

2. April 2008

Mir dreht sich alles im Kopf. Ich habe in meinem ganzen Leben noch nie so viele Menschen gesehen. In dem Hof, der zum Hauptgebäude des Gerichts führt, hetzt eine Menschenmenge hin und her. Männer in Anzug und Krawatte, vergilbte Aktenstapel unter den Arm geklemmt. Andere, mit einer *zanna* bekleidet, der traditionellen Tunika, die man in den Dörfern des Nordjemen trägt. Und zudem all diese Frauen, die in unverständlichem Stimmengewirr schreien und weinen. Ich würde gerne von ihren Lippen ablesen, was sie zu sagen versuchen, doch die Ton in Ton auf die langen schwarzen Schleier abgestimmten *niqabs* lassen von ihren Gesichtern nur ihre runden Augen durchscheinen.

Man könnte meinen, es seien Handgranaten kurz vor der Explosion. Wütend sehen sie aus, als hätte ein Wirbelsturm gerade ihr Haus zertrümmert. Ich spitze die Ohren.

Von ihren Gesprächen erhasche ich nur ein paar Wörter: »Sorgerecht für das Kind«, »Justiz«, »Menschenrechte« ... Ich weiß nicht so recht, was das bedeutet. Nicht weit von mir erzählt ein Riese mit kantigen Schultern, den Turban auf die Schläfen gepfropft und eine Plastiktüte voller Schriftstücke unterm Arm, jedem, der es hören will, dass er hergekommen ist, um sich das Land, das man ihm genommen hat, zurückzuholen. Autsch! Der Kerl hätte mich fast gerammt, der springt ja hin und her wie ein verschreckter Hase.

So ein Durcheinander! Ich muss an den Al-Qa-Platz denken, den Platz der Arbeitslosen im Herzen von Sanaa, von dem *Aba* oft spricht. Jeder will der Erste ein, um eine Anstellung für den Tag zu ergattern, beim ersten Sonnenstrahl, gleich nach dem *azan*, dem Aufruf zum Morgengebet. Diese Männer haben solchen Hunger, dass sie da, wo bei anderen das Herz ist, einen Stein in der Brust haben. Keine Zeit, mir über das Schicksal anderer Gedanken zu machen. Trotzdem würde ich mir so sehr wünschen, dass mich jemand an der Hand nimmt, mich mitfühlend ansieht.

Dass man mir zuhört, nur das eine Mal! Aber es

ist, als sei ich unsichtbar. Keiner sieht mich. Ich bin zu klein für sie. Ich reiche ihnen gerade bis zur Hüfte. Ich bin erst zehn Jahre alt, vielleicht noch nicht mal, wer weiß?

Das Gericht hatte ich mir anders vorgestellt, eher als einen ruhigen, sauberen Ort. Ein großes Haus, wo das Gute gegen das Böse siegt, wo alle Probleme der Welt gelöst werden. Im Fernsehen, bei den Nachbarn, hatte ich schon Gerichtssäle gesehen, mit Richtern in langer Tracht. Es heißt, sie könnten den Menschen in Not helfen. Ich muss einen finden und ihm meine Geschichte erzählen. Ich bin erschöpft. Mir ist warm unter meinem Schleier. Ich schäme mich, und mein Kopf tut mir weh. Habe ich die Kraft, weiterzumachen? Nein. Ja. Vielleicht. Zu spät, jetzt einen Rückzieher zu machen, sage ich mir. Das Schlimmste ist vorbei. Jetzt muss es vorwärtsgehen.

Als ich heute Morgen das Haus meiner Eltern verließ, habe ich mir geschworen, es erst wieder zu betreten, wenn ich mein Ziel erreicht habe. Es war genau zehn Uhr.

»Geh Brot kaufen für das Frühstück«, hatte meine Mutter gesagt und mir 150 *Rial* gegeben.

Automatisch knotete ich meine langen dunkelbraunen Haare unter meinem schwarzen Kopftuch zusammen und hüllte meinen Körper in einen gleichfarbigen Mantel – die Kleidung der jemenitischen Frauen, wenn sie auf die Straße gehen. Zitternd ging ich ein paar Meter, dann nahm ich den ersten Minibus, der auf dem breiten Boulevard Richtung Stadtzentrum fuhr. An der Endstation stieg ich aus. Und zum ersten Mal in meinem Leben bezwang ich meine Angst und stieg ganz alleine in ein gelbes Taxi.

Im Hof zieht sich das Warten in die Länge. An wen soll ich mich wenden? Unverhofft bemerke ich in der Menge verständnisvolle Blicke. Drüben bei der Treppe, die zum Eingang des großen Gebäudes aus sandfarbenem Zement führt, stehen drei Jungen in Plastiksandalen und mustern mich von Kopf bis Fuß. Ihre Gesichter sind ganz schwarz vor Staub. Sie erinnern mich an meine Brüder.

»Dein Gewicht für zehn *Rial*!«, ruft der eine mir zu und schwenkt eine alte verbeulte Waage.

»Ein Tee für deinen Durst!«, bietet mir ein anderer an und schaukelt einen kleinen Korb voll dampfender Gläser hin und her.

»Einen frischen Möhrensaft?«, fragt der dritte, wobei er sein schönstes Lächeln aufsetzt und gleichzeitig die Hand ausstreckt in der Hoffnung, ein Geldstück zu bekommen.

Nein, danke. Ich habe keinen Durst. Und ehrlich gesagt, ist es mir völlig egal, wie viel ich wiege! Wenn die wüssten, was mich hierhergeführt hat.

Hilflos hebe ich den Kopf und schaue wieder in die Gesichter der vielen Erwachsenen, die um mich herumwirbeln. Mit ihren langen Schleiern sehen alle Frauen gleich aus. Wie schwarze Schatten, eher furchterregend als verführerisch. Auf was habe ich mich da nur eingelassen? Na so was, da drüben, der Mann im weißen Hemd und schwarzen Anzug, der kommt jetzt auf mich zu. Vielleicht ein Richter ... oder ein Rechtsanwalt? Los, jetzt muss ich mich nur trauen, ihn anzusprechen.

»Entschuldigung, ich möchte zum Richter!«

»Zum Richter? Da lang, die Treppe hoch«, antwortet er, ohne mich richtig anzusehen, und verschwindet danach sofort wieder in der Menge.

Ich habe keine andere Wahl mehr. Ich muss ihr die Stirn bieten, dieser Treppe, die sich nun direkt vor mir befindet. Das ist meine einzige und letzte Chance, aus alldem herauszukommen. Ich fühle mich schmutzig. Ich muss diese Stufen emporsteigen, eine nach der anderen, um meine Geschichte zu erzählen, muss diese Woge von Menschen durchqueren, die sich immer mehr auftürmt, je näher ich der großen Eingangshalle komme. Fast wäre ich hingefallen. Ich richte mich wieder auf. Meine Augen sind trocken vom vielen Weinen. Ich kann nicht mehr. Meine Füße sind schwer wie Blei, als ich sie endlich auf dem Marmorboden der großen Eingangshalle aufsetze. Ich darf nicht die Fassung verlieren. Nicht jetzt.

Auf den Wänden, die weiß glänzen wie in einem Krankenhaus, erkenne ich Hinweise in arabischer Schrift. Sosehr ich mich auch anstrenge, es gelingt mir nicht, sie zu lesen. Man hat mich dazu gezwungen, die Schule im zweiten Schuljahr abzubrechen, kurz bevor sich mein Leben in einen Albtraum verwandelte, und außer meinem Vornamen Nojoud kann ich kaum etwas schreiben. Mein Blick fällt schließlich auf eine Gruppe Männer in olivgrüner Uniform und mit tief in die Stirn gezogenen Schirmmützen. Das sind sicher Polizisten. Oder vielleicht Soldaten? Einer von ihnen hat eine Kalaschnikow quer umgehängt.

Mir läuft es eiskalt über den Rücken. Wenn sie mich sehen, verhaften sie mich womöglich. Ein kleines Mädchen, das von zu Hause wegläuft, das gehört sich nicht. In meiner Angst hänge ich mich unauffällig an den ersten Schleier, der an mir vorbeikommt, in der Hoffnung, die Aufmerksamkeit der Unbekannten, die sich dahinter versteckt, auf mich zu lenken. »Los! Nojoud!«, befiehlt mir meine zaghafte innere Stimme. »Du bist zwar ein Mädchen. Aber du bist auch eine Frau! Eine echte, auch wenn es dir noch schwerfällt, das zu akzeptieren!«

»Ich möchte mit dem Richter sprechen!«

Zwei große, schwarz eingerahmte Augen mustern mich erstaunt. Die Dame, die mir gegenübersteht, hat mich erst jetzt bemerkt.

»Wie bitte?«

»Ich möchte mit dem Richter sprechen!«

Will sie mich absichtlich nicht verstehen, damit sie mich schneller loswird, so wie die anderen?

»Welchen Richter suchst du denn?«

»Ich möchte einfach nur mit einem Richter sprechen!«

»Aber es gibt viele Richter an diesem Gericht ...«

»Nehmen Sie mich zu einem Richter mit, egal, zu welchem!«

Sie schweigt, erstaunt über meine Entschlossenheit. Vielleicht hat sie auch mein kleiner durchdringender Schrei sprachlos gemacht.

Ich bin ein Mädchen vom Land, das in der Hauptstadt lebt. Ich habe mich immer den Befehlen der Männer aus der Familie gebeugt. Seit jeher habe ich gelernt, zu allem »ja« zu sagen. Heute habe ich beschlossen, »nein« zu sagen. Ich fühle mich innerlich beschmutzt. Es ist, als hätte man einen Teil von mir geraubt. Niemand hat das Recht, mich davon abzuhalten, bei der Justiz vorzusprechen. Es ist meine letzte Chance, aus alldem herauszukommen. Ich werde nicht einfach aufgeben. Und dieser erstaunte Blick, so kalt wie der Marmor in der großen Halle, in der das Echo meines Schreis seltsam widerhallte, wird mich nicht zum Schweigen bringen.

Mittag ist nun längst vorbei. Seit über drei Stunden irre ich jetzt schon verzweifelt durch das

Labyrinth dieses Gerichts. Ich will mit dem Richter sprechen!

»Komm mit!«, sagt sie und gibt mir durch ein Zeichen zu verstehen, dass ich ihr folgen soll.

Die Tür öffnet sich zu einem mit braunem Teppichboden ausgelegten Raum, der die Geräusche dämpft. An einem Schreibtisch im Hintergrund gibt sich ein Schnauzbärtiger mit feinen Gesichtszügen redliche Mühe, die Flut der Fragen zu beantworten, die von allen Seiten auf ihn hereinbricht. Das ist der Richter. Endlich! Obwohl es ziemlich laut zugeht, ist die Atmosphäre doch beruhigend. Ich fühle mich sicher hier. An der mittleren Wand erkenne ich das eingerahmte Foto von »*Amma* Ali«, Onkel Ali. In der Schule hat man mir beigebracht, den Präsidenten unseres Landes, Ali Abdallah al-Salih, vor über dreißig Jahren gewählt, so zu nennen. Manche sagen von ihm, er sei ein Diktator, andere bezichtigen ihn der Korruption. Für mich ist das unwichtig. Ich bin hier, um mit dem Richter zu sprechen. Das ist alles.

Wie die anderen setze ich mich auf einen der braunen Sessel, die an der Wand aufgereiht sind. Draußen ruft der Muezzin zum Mittagsgebet. Rings um mich bemerke ich Gesichter, die ich zuvor im Hof gesehen habe, blicke in vertraute Augen. Manche von ihnen beugen sich zu mir herunter und sehen mich merkwürdig an.

Sieh mal einer an, endlich fällt ihnen auf, dass ich existiere! Wurde auch Zeit. Zufrieden lehne ich mich mit dem Kopf zurück an die Sessellehne und warte geduldig darauf, dass ich an die Reihe komme.

Wenn es einen Gott gibt, dann soll Er kommen und mich retten. Ich habe immer brav meine Gebete gesprochen, fünf Mal am Tag. Während des *Aïdfestes,* das den Fastenmonat Ramadan abschließt, habe ich immer meiner Mutter und meinen Schwestern geholfen, die Speisen zuzubereiten. Ich war immer ein gehorsames Kind. Ich hoffe, Allah hat Mitleid mit mir …

In meinem Kopf wirbeln undeutliche Bilder herum. Ich schwimme im Meer, das ganz ruhig ist. Dann werden die Wellen höher. In der Ferne bemerke ich meinen Bruder Fares, aber es gelingt mir nicht, ihn zu erreichen. Ich rufe ihn, aber er hört mich nicht. Ich rufe lauter, doch da werde ich von den Windböen erfasst und zurück in Richtung Strand geschleudert. Ich wehre mich dagegen und fange wie wild an, mit den Armen zu rudern. Kommt gar nicht in Frage, dass ich mich zum Ausgangspunkt zurücktreiben lasse. Immer heftiger toben die Wellen. Jetzt ist die Bucht schon ganz nahe. Ich habe Fares aus den Augen verloren. Hilfe! Ich will nicht nach Khardji zurück, nein, ich will nicht nach Khardji zurück!

»Was kann ich für dich tun?«

Eine männliche Stimme weckt mich aus meinem Dämmerzustand. Sie klingt seltsam leise. Mehr Lautstärke ist auch nicht nötig, um meine Aufmerksamkeit auf sich zu lenken. Die Stimme hat sich damit begnügt, ein paar Worte zu flüstern. »Was kann ich für dich tun?« Endlich jemand, der mir zu Hilfe kommt. Ich reibe mir über das Gesicht und erkenne den Richter mit dem Schnurrbart. Die Menge hat sich gelichtet, die vertrauten Augen sind verschwunden, und der Raum ist nun fast leer. Da ich noch immer schweige, stellt mir der Richter nochmals die Frage:

»Worauf wartest du?«

Meine Antwort lässt nicht auf sich warten:

»Auf meine Scheidung!«

2. Khardji

In Khardji, dem Dorf, in dem ich geboren bin, bringt man Frauen nicht bei, sich frei zu entscheiden. Dort haben die Männer das letzte Wort. Mit ungefähr sechzehn hat meine Mutter Shoya ohne Murren meinen Vater Ali Mohammad-al-Ahdel geheiratet. Und als er vier Jahre später beschloss, die Familie zu vergrößern, und sich eine zweite Frau nahm, fügte sie sich willig den Wünschen ihres Mannes. Mit der gleichen Ergebenheit nahm ich zunächst meine eigene Heirat hin, ohne ihre Tragweite zu erahnen. In meinem Alter stellt man sich nicht allzu viele Fragen.

»Wie macht man Kinder?«, hatte ich eines Tages *Omma* unschuldig gefragt.

»Das wirst du schon sehen, wenn du größer bist!«, hatte sie mir geantwortet und mit einer Handbewegung meine Frage beiseitegefegt.

Ich habe mich gefügt, mir meine kindliche Neugier verkniffen und bin in den Garten zurückgegangen, um mit meinen Brüdern und Schwestern zu spielen. Unser liebster Zeitvertreib war das Versteckspielen. Im Tal von Wadi La'a im Bezirk Hajjah, wo ich geboren bin, gibt es unzählige Schlupfwinkel, in denen wir einfach verschwinden konnten: hohle Baumstämme, schmale Felsspalten, von der Zeit ausgehöhlte Grotten. Wenn wir vom vielen Herumtollen außer Atem waren, stürzten wir uns kopfüber ins frische Gras und schmiegten uns in dieses grüne Nest. Die Sonne nutzte die Gelegenheit, unsere Haut zu streicheln und unsere ohnehin schon braunen Gesichter noch mehr zu bräunen. Wenn wir uns genug ausgeruht hatten, vergnügten wir uns damit, die Hühner zu verscheuchen und die Esel mit Ästen zu necken.

Meine Mutter hatte siebzehn Kinder. Sie hatte drei *Fehlgeburten* erlitten, ohne es jemandem zu sagen, und für sie bedeutete jede Schwangerschaft eine Lebensgefahr. Mangels ärztlicher Versorgung verlor sie zudem eines ihrer Babys bei der Geburt. Vier weitere Brüder und Schwestern, die ich nicht gekannt habe, starben ohne jegliche ärztliche Hilfe an unheilbaren Krankheiten. Alle waren zwischen zwei Monaten und vier Jahren alt.

Wie ihre anderen Sprösslinge brachte sie mich zu Hause auf die Welt, ausgestreckt auf einer geflochtenen Matte, schweißgebadet die Qualen erduldend und zu Allah betend, er möge ihr Neugeborenes schützen.

»Du hast lange gebraucht, bis du kamst. Die Wehen begannen mitten in der Nacht, gegen zwei Uhr morgens. Und die Entbindung dauerte einen guten halben Tag, im Hochsommer, bei Gluthitze. Es war ein Freitag, der wöchentliche Feiertag«, so erzählt sie mir von Zeit zu Zeit, um meine Neugier zu stillen.

Aber wäre ich an einem Wochentag zur Welt gekommen, so hätte das nicht viel geändert. Für *Omma* hatte sich die Frage, im Krankenhaus zu entbinden, nie gestellt. Unser Dorf, eingezwängt an der engsten Stelle des Tals, lag viel zu weit entfernt von jeder medizinischen Einrichtung. Es bestand aus höchstens fünf Steinhäusern und besaß weder ein Rathaus noch ein Lebensmittelgeschäft, weder eine Autowerkstatt noch einen Barbier und noch nicht einmal eine Moschee! Man konnte nur auf dem Rücken eines Maulesels dorthin gelangen.

Nur eine Handvoll waghalsiger Pick-up-Fahrer, sofern sie stabile Reifen hatten, trauten sich, den holprigen Weg an der Schlucht entlang zu befahren, aber wegen der schlechten Straße mussten sie alle zwei Monate ihre Reifen auswechseln. Man stelle sich also vor, wie stark die Wehen meiner Mutter hätten sein müssen, wenn sie sich dazu entschieden hätte, sich in die Obhut eines Krankenhauses zu begeben. Womöglich hätte sie mitten auf der Straße entbunden! *Omma* sagt, selbst mobile Krankenhäuser hätten es niemals riskiert, Khardji anzusteuern!

»Aber wer hat dann zu Hause die Krankenschwester gespielt?«, frage ich gelegentlich beharrlich, wenn *Omma,* erschöpft von meinen Fragen, vergisst, mir das Ende der Geschichte zu erzählen, wie ich auf die Welt gekommen bin.

»Nun ja, zum Glück war deine große Schwester Jamila da! Wie jedes Mal half sie mir, die Nabelschnur mit einem Küchenmesser durchzutrennen. Dann hat sie dich gebadet und dich anschließend in ein Tuch gewickelt. Dein Großvater *Jad* hat dann beschlossen, dich Nojoud zu nennen. Man sagt, das sei ein Beduinenname.«

»*Omma,* bin ich im Juni oder im Juli geboren? Oder vielleicht mitten im August?«

Meistens beginnt *Omma* in diesem Moment, sich zu ärgern.

»Nojoud, wann hörst du endlich auf, all diese Fragen zu stellen?«, sagt sie dann jedes Mal, um meiner Fragerei Einhalt zu gebieten.

In Wirklichkeit tut sie das, weil sie nicht die geringste Ahnung hat. Weder mein Vorname noch mein Familienname erscheinen in den offiziellen Registern. In der Provinz setzt man haufenweise Kinder in die Welt, ohne eine Geburtsurkunde auszustellen. Mein Geburtsjahr weiß kein Mensch. Meine Mutter nimmt an, dass ich ungefähr zehn sein müsste. Aber es kann gut sein, dass ich erst acht oder neun bin ... Wenn ich hartnäckig genug nachfrage, kommt es vor, dass sie überlegt und versucht, die Reihenfolge der Geburt ihrer Kinder auszuklügeln, indem sie sich an den Jahreszeiten, den Todestagen unserer Ahnen, den Hochzeiten bestimmter Cousins oder unseren Umzügen orientiert. Echte Gehirnakrobatik!

Aufgrund von Berechnungen, die weitaus komplizierter sind als die des Lebensmittelhändlers, kommt sie schließlich jedes Mal zu dem Schluss, dass Jamila die Älteste ist, gefolgt von Mohammad, dem ältesten Jungen und »zweiten Mann« im Haus – der die Befugnis hat, Entscheidungen zu treffen, gleich nach meinem Vater. Danach folgen Mona, die Rätselhafte, und Fares, der Hitzkopf. Dann komme ich, gefolgt von meiner Lieblingsschwester Haïfa, die fast so groß ist wie ich. Schließlich Abdo, Morad und die Jüngste, Rawdha, mit ihrem Kraushaar. Dowla, meine »Tante« und zweite Frau meines Vaters, die eigentlich eine entfernte Cousine von ihm ist, hat fünf Kinder.

»*Omma* ist eine richtige Glucke!«, spottet Mona oft, wenn sie meine Mutter aufziehen will. Ich erinnere mich, dass ich mehrere Male morgens aufgewacht bin und in ihrem Bett ein Neugeborenes entdeckt habe, das sie liebevoll in den Armen wiegte! Sie wird nie damit aufhören.

Omma kann sich jedoch erinnern, dass sie eines Tages Besuch von der Vertreterin eines Hilfswerks bekam, zwecks »Familienplanung«. Man hat ihr Pillen verschrieben, die sie einnehmen sollte, um nicht wieder schwanger zu werden. Ab und zu, wenn sie gerade daran dachte, nahm sie die Pillen auch. Doch einen Monat später begann ihr Bauch zu ihrer großen Überraschung wieder anzuschwellen, und sie sagte sich, dass das Leben eben so sei, und dass man zuweilen nichts gegen die Natur ausrichten könne.

Khardji trägt seinen Namen zu Recht. Auf Arabisch bedeutet er »draußen«. Anders ausgedrückt: am Ende der Welt. Die meisten Geographen machen sich nicht mal mehr die Mühe, diese mikroskopisch kleine Ortschaft auf den Landkarten zu lokalisieren. Um es einfach zu machen, kann man sagen, dass Khardji unweit von Hajjah liegt, einer relativ bekannten Stadt im Nordwestjemen, nördlich von Sanaa. Zwischen diesem kleinen abgelegenen Ort und der Hauptstadt muss man mindestens vier Stunden Asphaltstraße rechnen und mindestens genauso viel auf Sand und Geröll. Wenn meine Brüder morgens zur Schule im größten Dorf des Tales aufbrachen, hatten sie einen zweistündigen Fußmarsch vor sich. Der Schulbesuch war nur ihnen vorbehalten. Mein Vater, ein sehr fürsorglicher Mann, war der Meinung, Mädchen seien zu zart und verletzlich, um ganz allein durch eine fast ausgestorbene Gegend zu laufen, wo hinter jedem Kaktus die Gefahren lauern. Davon abgesehen, konnten weder er noch meine Mutter *lesen und schreiben*, und er sah auch für seine Kinder keine Notwendigkeit darin.

Meine Schule war also die Natur, und im Übrigen sah ich *Omma* bei der Hausarbeit zu. Wenn sich meine beiden großen Schwestern Jamila und Mona mit zwei kleinen gelben Kanistern aufmachten, an der Quelle Wasser zu holen, trampelte ich ungeduldig hin und her, weil ich noch nicht mitdurfte. Im Jemen ist das Klima so trocken, dass man täglich mehrere Liter Wasser trinken muss, um nicht auszutrocknen. Sobald ich laufen konnte, steuerte ich am liebsten den Fluss an. Er lag nur wenige Meter unterhalb des Hauses und war uns sehr nützlich. In seinem kristallklaren Wasser wusch *Omma* die Wäsche und spülte die Töpfe nach jeder Mahlzeit aus. Morgens, nachdem die Männer zur Feldarbeit gegangen waren, wuschen sich die Frauen dort im Schatten hoher Bäume. An Gewittertagen suchten wir im Haus Schutz vor den Blitzen und dem Regen. Doch sobald sich die Sonne wieder zeigte und die

Wolken durchbrach, eilten wir erneut zum Fluss, wo das Wasser jetzt so hoch stand, dass es mir bis zum Hals reichte. Um zu vermeiden, dass der Fluss über die Ufer trat, vergnügten sich meine Brüder damit, kleine Stauwerke zu bauen, die seinen Lauf umleiteten. Wir hatten viel Spaß.

Wenn sie von der Schule nach Hause kamen, sammelten die Jungen Äste auf, um damit den *tandour* anzuheizen, den traditionellen Ofen, der zur Zubereitung von *khobz,* unserem jemenitischen Brot, dient. Meine Schwestern waren Expertinnen in der Zubereitung dieser knusprigen Fladen. Manchmal bestrichen wir sie mit Honig, dem »jemenitischen Gold«, wie die Erwachsenen sagen. Der Honig aus unserer Gegend ist besonders berühmt, und mein Vater besaß einige Bienenstöcke, die er mit erstaunlicher Sorgsamkeit hegte und pflegte. *Omma* hat uns immer gesagt, dass Honig sehr gut für die Gesundheit und außerdem ein Energiespender sei.

Abends nahmen wir die Mahlzeit traditionsgemäß rings um den *sofrah* ein, eine Decke, die auf dem blanken Boden ausgebreitet wird. Sobald *Omma* den großen heißen Kochtopf daraufgestellt hatte, gefüllt mit *salta,* einem Rinder- oder Schafsragout in Bockshornkleesoße, tauchten wir unsere Finger hinein und formten dann aus Reis und Fleisch kleine Bällchen, die blitzschnell in unseren Mündern verschwanden. Wir machten es wie unsere Eltern und aßen direkt aus dem Kochgeschirr. Ohne Teller, Gabeln oder Messer. So isst man in den jemenitischen Dörfern.

Ab und an nahm uns *Omma* mit auf den Samstagsmarkt, der wöchentlich in der Mitte des Tals abgehalten wurde. Für uns war das ein großer Ausflug. Wir legten den Weg auf dem Maulesel zurück und kauften Vorräte für die nächsten Tage ein. Wenn die Sonne besonders heiß brannte, setzte *Omma* einen Strohhut auf ihren schwarzen Schleier, der den Großteil ihres Gesichts bedeckte. Damit sah sie aus wie eine Sonnenblume.

Wir verlebten recht glückliche Tage, deren Rhythmus von der Sonne bestimmt wurde. Ein einfaches, doch friedliches Leben ohne elektrischen Strom, ohne fließendes Wasser. Die hinter einem Strauch verborgenen Toiletten bestanden aus einem einfachen Loch, umrahmt von Ziegelsteinen. Nach Einbruch der Dunkelheit verwandelte sich das große Wohnzimmer, dessen einzige Dekoration aus ein paar auf den Boden geworfenen Kissen bestand, in unser Schlafzimmer. Um von einem Zimmer ins andere zu gelangen, mussten wir den Innenhof überqueren. Dieser wurde während des Sommers zum wichtigsten Ort unseres Familienlebens. *Omma* richtete sich eine Küche unter freiem Himmel ein, und während ihre *salta* auf einem Holzfeuer köchelte, stillte sie die Kleinsten. Meine Brüder büffelten dort ihr Alphabet. Und die Mädchen hielten auf einem Bett aus Stroh ihren Mittagsschlaf.

Mein Vater war selten zu Hause. Normalerweise stand er bei Sonnenaufgang auf, um seine Herde auf die Weide zu treiben. Er besaß achtzig Schafe und vier Kühe. Diese gaben ausreichend Milch, um Butter, Joghurt und Quark herzustellen. Wenn mein Vater aus dem Haus ging, um den Bewohnern des Nachbardorfes einen Besuch abzustatten, zog er immer eine braune Jacke über seine *zanna* und band seinen *jambia* an den Gürtel. Man sagt, dieser scharfe Dolch, der von Hand verziert ist und von den Männern meines Landes getragen wird, sei ein Symbol für Macht, Männlichkeit und Ansehen in der jemenitischen Gesellschaft. In der Tat verlieh er meinem Vater eine gewisse Würde und eine beeindruckende Eleganz. Ich war stolz auf meinen *Aba*. Doch offenbar dient der Dolch eher als Zierde denn als wirkliche Waffe. Jeder wetteifert darin, den schönsten *jambia* zu tragen. Die Preise sind übrigens sehr unterschiedlich, je nachdem, aus welchem Material der Schaft gefertigt ist, aus Plastik, Elfenbein oder echtem Rhinozeroshorn. Die Gesetze unserer Stammeskultur verbieten anscheinend, ihn dafür zu benutzen, sich gewaltsam zu verteidigen oder den Gegner bei einem Streit anzugreifen. Dagegen kann ein *jambia* als Hilfsmittel bei der Schlichtung eines Konflikts dienen. Er ist vor allem ein Symbol für die Stammesjustiz. Niemals hätte mein Vater gedacht, dass er sich einmal seiner bedienen müsste, bis zu jenem Unglückstag, an dem wir innerhalb von vierundzwanzig Stunden aus dem Dorf fliehen mussten.

Ich war zwei oder drei Jahre alt, als sich der »Skandal« ereignete. *Omma* war wegen Gesundheitsbeschwerden ausnahmsweise unterwegs in die Hauptstadt Sanaa. Aus einem Grunde, der sicher mit ihrer Abwesenheit zusammenhing, doch dessen Einzelheiten mir damals entgingen, kam es zu einem gewaltsamen Streit zwischen meinem Vater und den anderen Dorfbewohnern von Khardji. In den Gesprächen fiel häufig der Name von Mona, meiner zweitältesten Schwester. Es wurde damals entschieden, das Problem nach Stammestradition zu regeln, indem man die *jambias* und *Rial*-Bündel zwischen den gegnerischen Parteien aufhäufte. Doch die Diskussion eskalierte, und entgegen den üblichen Regeln wurden die scharfen Klingen aus den Futteralen gezogen. Die Einwohner von Khardji bezichtigten meinen Vater, die Ehre des Dorfes mit Füßen getreten und sein Ansehen geschädigt zu haben. Mein Vater war außer sich. Er fühlte sich von all denen, die er für seine Freunde hielt, hintergangen und gedemütigt. Mona wurde von heute auf morgen verheiratet. Sie dürfte kaum dreizehn Jahre alt gewesen sein. Was war genau vorgefallen? Das sollte ich erst später erfahren. Wir mussten uns Hals über Kopf auf den Weg machen und ließen alles zurück: Schafe, Kühe, Hühner, Bienen und die Erinnerungen an das, was mir als ein Stück vom Paradies erschienen war.

Die Ankunft in Sanaa war schrecklich. Es war schwer, sich an die staubige, laute Hauptstadt zu gewöhnen.

Der Übergang von dem satten Grün des Wadi-La'a-Tals zu dieser ausgedorrten, in alle Richtungen ausufernden Stadt war brutal. Sobald man den ehemaligen Stadtkern und seine hübschen traditionellen Lehmhäuser mit ihrem weißen, wie Klöppelspitzen wirkenden Fensterschmuck hinter sich ließ, wandelte sich die Stadtlandschaft in ein monströses Gewirr von unförmigen Betonbauten. Auf der Straße war ich praktisch auf Augenhöhe mit den Auspuffen, und die Dieselschwaden brannten mir im Hals. Öffentliche Gärten, wo man ein bisschen Auslauf gehabt hätte, gab es kaum. Der Zugang zu den meisten Vergnügungsparks kostete Geld und war damit den Reicheren vorbehalten.

Wir zogen ins Erdgeschoss einer Bruchbude im Viertel Al-Qa, eingezwängt in eine Gasse, wo sich der Müll auftürmte. *Aba* war deprimiert. Er redete kaum und hatte völlig den Appetit verloren. Wie konnte ein einfacher Bauer, Analphabet und ohne Schulabschluss, hoffen, in dieser Großstadt, die bereits von Arbeitslosen überschwemmt war, eine Arbeit zu finden, die ihn und seine Familie ernährte? Andere Dorfbewohner vor ihm hatten ihr Glück in der Hauptstadt versucht und sich unüberwindlichen Problemen gegenübergesehen. Manche sahen sich gezwungen, ihre Frauen und Kinder zum Betteln auf die Plätze der Stadt zu schicken. Nachdem mein Vater überall herumgefragt hatte, ergatterte er schließlich einen Job als Straßenkehrer bei der Stadtverwaltung. Das Geld reichte jedoch kaum für die Miete. Sobald er damit in Verzug geriet, fuhr der Vermieter ihn wütend an. *Omma* weinte dann. Doch niemand konnte ihren Schmerz besänftigen.

Als Fares, der Viertälteste der Familie, zwölf war, kam er ständig mit irgendwelchen für dieses Alter typischen Wünschen an. Jeden Tag verlangte er Geld, um sich Bonbons, modische Hosen und neue Schuhe zu kaufen, wie man sie auf den Werbeplakaten sieht. Schöne, nagelneue Schuhe, die mehr kosteten, als *Aba* in einem Monat verdiente! In seiner fröhlichen, unbesonnenen Art verlangte er immer mehr. Es kam sogar vor, dass er meinen Eltern drohte, von zu Hause abzuhauen, sollten sie seinen Launen nicht nachgeben. Trotz seiner Großspurigkeit war er mein Lieblingsbruder. Er schlug mich wenigstens nicht, ganz im Gegensatz zu Mohammad, meinem ältesten Bruder, der sich für das Oberhaupt der Familie hielt. Ich bewunderte Fares' Ehrgeiz, seine ungestüme Art, allen die Stirn zu bieten, ohne sich darum zu scheren, wie seine Umgebung darauf reagierte. Er traf Entscheidungen und stand dazu, auch auf die Gefahr hin, sich die ganze Familie zum Feind zu machen. Eines Tages, nach einem Streit mit meinem Vater, machte er seine Drohung wahr: Er ging endgültig von zu Hause weg, und wir dachten, wir würden ihn nie wiedersehen.

Zum ersten Mal in meinem Leben sah ich *Aba* weinen. Um seinen Kummer zu vergessen, verschwand er oft stundenlang und ging mit alten Bekannten *kath* kauen. Schließlich verlor er seine Arbeit. *Omma* wurde indessen zunehmend von Alpträumen geplagt. Wir Geschwister schliefen mit ihr zusammen im größten Raum der Wohnung auf Matratzen, die direkt auf dem Boden lagen, und ich wurde öfters mitten in der Nacht von ihrem Gejammer wach. Die Arme litt sichtlich.

Fares hatte nur eine einzige Spur hinterlassen: ein farbiges Passfoto, das Mohammad sorgsam in seiner Brieftasche aufbewahrte. Das Foto zeigte Fares, wie wir ihn kannten: In aufrechter Kopfhaltung, mit einem weißen Turban auf seinen braunen Locken – damit wollte er sicher erwachsener wirken – fixierte er mit übermütigem, vor Spottlust sprühendem Blick die Kamera.

Und dann, zwei Jahre nach seiner Flucht, dieser unerwartete Anruf, das erste Lebenszeichen:

»Saudi-Arabien … Alles bestens … Hirte … Ich

arbeite als Hirte ... Macht euch keine Sorgen um mich ...«, konnte man am anderen Ende der Leitung vernehmen.

Er hatte inzwischen den Stimmbruch gehabt. Aber ich habe seine Stimme sofort erkannt. Er schien noch selbstsicherer geworden zu sein. Dann knackte es plötzlich in der Leitung, und das Gespräch war weg. Wie hatte Fares es geschafft, so weit von zu Hause wegzukommen? Wo war er genau, in welcher Stadt? War es ihm gelungen, ein Flugzeug zu nehmen, abzuheben und die Wolken zu durchbrechen? Wo genau lag eigentlich Saudi-Arabien? War dort, wo er war, das Meer? Die Fragen schwirrten mir nur so durch den Kopf. Als ich einmal in ein Gespräch zwischen meinen Eltern und Mohammad platzte, glaubte ich zu verstehen, dass Fares Opfer eines *Kinderhändlers* geworden sei. Das scheint im Jemen recht häufig vorzukommen. Hieß das, dass er Adoptiveltern gefunden hatte? Vielleicht war er alles in allem glücklich und konnte sich endlich seine heißersehnten Bonbons und Bluejeans kaufen. Ich jedenfalls vermisste ihn schrecklich. Um mich über seine Abwesenheit hinwegzutrösten, schloss ich mich in meiner Traumwelt ein. In Träumen von Wasser! Nicht von Flüssen, sondern vom Meer. Schon immer wollte ich wie eine Schildkröte meinen Kopf ins Wasser tauchen. Ich habe das Meer noch nie gesehen. Mit meinen Buntstiften zeichnete ich Wellen in mein kleines Heft. Ich stellte sie mir grün und blau vor.

»Sie sind blau!«, korrigierte mich eines Tages Malak, während sie einen Blick über meine Schulter warf.

Malak und ich waren unzertrennlich geworden. Ich hatte sie in der Schule des Al-Qa-Viertels kennengelernt, nachdem meine Eltern endlich eingewilligt hatten, mich dort einzuschreiben. Während der Pause spielten wir häufig mit Murmeln. Von den siebzig Schülern, allesamt Mädchen, die sich in der Klasse drängten, war sie mit Abstand meine beste Freundin. Ich hatte mein erstes Schuljahr erfolgreich abgeschlossen und eben das zweite begonnen. Morgens kam Malak mich abholen, und wir gingen zusammen in die Schule.

»Woher willst du das wissen?«, entgegnete ich.

»In den Ferien fahre ich mit meinen Eltern immer nach Hodeida. Da kann man das Meer sehen.«

»Wie schmeckt es denn?«

»Salzig!«

»Und ist der Sand auch blau?«

»Nein, der ist gelb! Und so weich, wenn du wüsstest …«

»Und was findet man alles im Meer?«

»Boote, Fische und Leute, die baden …«

Malak erzählte mir, dass sie dort schwimmen gelernt habe. Da ich noch nie ein Schwimmbad betreten hatte, fand ich das faszinierend. Sosehr ich mich auch anstrengte, ich konnte einfach nicht verstehen, wie es ihr gelang, auf der Wasseroberfläche zu bleiben, ohne unterzugehen. Ich erinnerte mich nur, dass *Omma* in Khardji immer mit mir schimpfte, wenn ich zu nahe an den Fluss ging, und mich warnte:

»Vorsicht! Wenn du reinfällst, gehst du unter!«

Malak sagte, ihre Mutter hätte ihr einen hübschen bunten Badeanzug gekauft. Und dass sie sogar Sandburgen bauen könne, mit Türmen und breiten Treppen, die danach unter den Wellen verschwänden. Eines Tages stülpte sie eine große Muschel auf mein Ohr, die sie aus Hodeida mitgebracht hatte.

»Hörst du das Meer rauschen?«

»Ja, die Wellen, ich höre die Wellen. Das ist ja unglaublich!«, rief ich begeistert.

Wasser, das war für mich vor allem der Regen, der heute im Jemen immer seltener fällt. Manchmal wurden wir mitten im Sommer von Hagel überrascht. War das eine Freude! Mit meinen Brüdern und Schwestern stürmte ich auf die Straße und sammelte die kleinen Eiswürfel in einer großen Schüssel auf. Ich zählte sie stolz, denn in der Schule hatte ich gelernt, von eins bis hundert zu zählen. Wenn die Hagelkörner geschmolzen waren, machten wir uns einen Spaß daraus, uns mit dem Eiswasser zu bespritzen. Das war sehr erfrischend. Mona, die seit unserem Umzug nach Sanaa meistens vor sich hin schmollte, schloss sich uns zuweilen sogar an. Nach unserer überstürzten Abreise von Khardji war sie zwei Monate später mit ihrem Mann, den sie von heute auf morgen geheiratet hatte, nach Sanaa nachgekommen.

Im Laufe der Jahre fand Mona allmählich ihr natürliches Lächeln, ihre spöttische Miene und ihren Sinn für schwarzen Humor wieder, der *Omma* oft irritierte. Sie brachte zwei hübsche Babys zur Welt, Monira und Nasser, und genoss ihr Mutterglück. Unsere Familie und die Familie ihres Mannes kamen sich schließlich sogar näher. Um die Familienbande noch zu verstärken, wurde beschlossen, meinen großen Bruder Mohammad mit einer der Schwestern meines Schwagers nach der Tradition des *sighar* zu verheiraten.

Doch das alles war zu schön, um von Dauer zu sein. Eines Tages verschwand Monas Mann von der Bildfläche und mit ihm meine große Schwester Jamila. Waren sie wie Fares geflohen, in der Hoffnung, ebenfalls in Saudi-Arabien reich zu werden und uns vielleicht elektronisches Spielzeug mitzubringen? Oder einen Fernseher mit bewegten Bildern in Farbe? Im Zimmer der Eltern wurde zunehmend über sie getuschelt. Doch es war den Kindern streng verboten, Fragen zu stellen. Ich erinnere mich nur, dass Mona nach ihrem Verschwinden von neuem unter Stimmungsschwankungen litt. Meistens war sie traurig und melancholisch, doch plötzlich konnte es vorkommen, dass sie in Gelächter ausbrach, was ihre natürliche Schönheit wiederaufleben ließ und ihre großen braunen Augen und ihre feinen Gesichtszüge zur Geltung brachte. Mona hatte viel Charme.

Zu mir war sie immer besonders liebevoll, an guten wie an schlechten Tagen. Irgendwie mütterlich und fürsorglich. Es kam sogar vor, dass sie mich zum Schaufensterbummel auf die Hayle Avenue mitnahm, die für ihre Kleiderboutiquen bekannt war. Das Gesicht an die Scheibe gedrückt, warf ich begehrliche Blicke auf die Abendkleider mit Pailletten, die roten Röcke, die Blusen aus roter, blauer, violetter, gelber und grüner Seide. Ich stellte mir vor, wie ich mich in eine Prinzessin verwandelte. Es gab sogar Hochzeitskleider, die Filmkostümen oder Zaubergewändern für Feen ähnelten. Das war schön. Da konnte man ganz neidisch werden.

Als ich eines Abends, es war im Februar 2008, nach Hause kam, verkündete *Aba*, er hätte eine gute Nachricht für mich.

»Nojoud, du wirst bald heiraten«, sagte er zu mir.

Ich nickte gehorsam, ohne wirklich zu verstehen, was nun auf mich zukommen würde.

3. Beim Richter

Richter Abdo kann sein Erstaunen kaum verbergen.

»Du willst dich scheiden lassen?«

»Ja!«

»Aber … heißt das, dass du verheiratet bist?«

»Ja!«

Er hat feine Gesichtszüge und trägt ein weißes Hemd, das seine dunkle Haut hervorhebt. Als er meine Antwort hört, verfinstert sich seine Miene. Anscheinend kann er mir das nicht glauben.

»In deinem Alter … Wie kannst du schon verheiratet sein?«

»Ich will mich scheiden lassen!«, beharre ich in entschiedenem Ton, ohne auf seine Frage einzugehen.

Ich verstehe nicht so recht, warum, aber kein einziger Schluchzer kommt aus mir heraus, während ich mit ihm spreche. Als hätte ich meinen Vorrat an Tränen bereits erschöpft. Ich bin zwar völlig aufgewühlt, doch ich weiß, was ich will. Ja, ich will dieser Hölle entrinnen. Ich habe genug davon, das alles still zu erdulden.

»Aber du bist noch so jung und wirkst so zerbrechlich ...«

Ich sehe ihn an und nicke. Er beginnt, nervös an seinem Schnurrbart zu zupfen. Wenn er doch nur bereit wäre, mir zu helfen! Schließlich ist er Richter und hat sicher viel Macht.

»Und warum willst du dich scheiden lassen?«, fragt er weiter, diesmal in einem natürlicheren Tonfall, anscheinend versucht er, sein Erstaunen zu verbergen.

Ich sehe ihm direkt in die Augen:

»Weil mein Mann mich schlägt!«

Von neuem erstarrt sein Gesicht, als hätte ich ihm eine Ohrfeige verpasst. Soeben hat er begriffen, dass mir etwas Schlimmes zugestoßen ist und dass ich keinen Grund habe, ihn zu belügen. Ohne Umschweife stellt er mir die entscheidende Frage:

»Bist du noch Jungfrau?«

Ich schlucke. Ich schäme mich, von diesen Dingen zu sprechen. Das ist peinlich. In meinem Land müssen Frauen zu Männern, die sie nicht kennen,

Distanz wahren. Zudem sehe ich diesen Richter zum allerersten Mal. Doch im selben Augenblick wird mir klar, dass ich den Sprung ins kalte Wasser wagen muss, wenn ich aus alldem herauskommen will.

»Nein ... Ich habe geblutet ...«

Er ist schockiert, und ich habe den Eindruck, dass er plötzlich derjenige von uns beiden ist, der Angst bekommt. Seine Bestürzung entgeht mir nicht. Ich sehe genau, wie er versucht, seine Gefühle zu verbergen. Er atmet tief ein, dann sagt er:

»Ich werde dir helfen!«

Plötzlich wird mir ganz leicht zumute. Als ob mir ein Stein vom Herzen fällt. Endlich habe ich es geschafft, mich jemandem anzuvertrauen. Mit einer hektischen Bewegung sehe ich ihn nach dem Telefon greifen. Ich höre, wie er sich mit einer anderen Person, sicherlich einem Kollegen, austauscht. Während des Gesprächs wirbeln seine Hände in alle Richtungen. Er scheint entschlossen, mich aus meinem Alptraum zu befreien. Hoffentlich findet er eine endgültige Lösung für mich! Wenn ich Glück habe, handelt er schnell, sehr schnell, und ich kann schon heute Abend zu meinen Eltern zurückkehren und wieder mit meinen Geschwistern spielen. In ein paar Stunden werde ich geschieden sein. Geschieden! Wieder frei. Ohne Mann. Von der Angst befreit, bei Einbruch der Dunkelheit alleine mit dem Monster im Schlafzimmer zu sein. Von der

Angst befreit, wieder und wieder die gleiche Qual zu erleiden.

Ich habe mich zu früh gefreut.

»Weißt du, Kleine, das kann länger dauern, als du denkst. Das ist eine heikle Angelegenheit. Und ich kann dir leider nicht garantieren, dass du gewinnst.«

Der zweite Richter, der gerade hereingekommen ist, setzt meiner Vorfreude ein jähes Ende. Er heißt Mohammad al-Ghazi und ist der Gerichtspräsident, der oberste Chef, wie mir Abdo erklärt. Er wirkt verlegen. In seiner ganzen Laufbahn, so sagt er, sei ihm noch kein Fall wie der meine begegnet. Beide erklären mir, dass die Mädchen im Jemen oft sehr jung verheiratet werden, unter dem *gesetzlichen Mindestalter* von fünfzehn Jahren. Das sei eine alte Tradition, erklärt mir Abdo. Doch seines Wissens wurde für keine dieser frühzeitig geschlossenen Ehen in unserem Land eine Scheidung eingereicht. Denn kein Mädchen hat sich, so wie ich, bisher bis zum Gericht aufgemacht. Das sei eine Frage der Familienehre, sagen sie. Meine Situation sei außergewöhnlich. Und kompliziert.

»Wir werden einen Anwalt finden müssen«, erklärt Abdo hilflos.

Einen Anwalt, aber wozu denn? Wozu ist ein Gericht gut, wenn es nicht einmal fähig ist, auf der Stelle eine Scheidung auszusprechen? Es ist mir völlig egal, ob ich ein außergewöhnlicher Fall bin. Sind Gesetze denn nicht dazu da, den Leuten zu helfen? Diese Richter sind ja ganz nett, aber ist ihnen klar, dass mich mein Mann, wenn ich ohne jegliche Sicherheit nach Hause komme, abholen wird und die Schikanen weitergehen? Nein, ich will nicht zu ihm zurück.

»Aber ich will mich scheiden lassen!«, sage ich in beschwörendem Ton.

Das Echo meiner Stimme lässt mich zusammenfahren. Ich habe wohl ein wenig zu laut gesprochen. Oder liegt es an den hohen Wänden, die wie ein Resonanzkörper wirken?

»Wir werden eine Lösung finden, wir werden eine Lösung finden«, murmelt Mohammad al-Ghazi und rückt seinen Turban zurecht.

Doch anscheinend macht ihm noch etwas anderes Sorgen. Soeben schlug die Uhr zweimal. Es ist vierzehn Uhr, also Büroschluss. Heute ist Mittwoch, und das Wochenende der Muslime steht vor der Tür. Das Gericht öffnet erst wieder am Samstag. Ich begreife, dass auch sie mich, nach allem, was sie eben gehört haben, ungern nach Hause schicken.

»Kommt nicht in Frage, dass sie zurück nach Hause geht. Und wer weiß, was ihr noch alles passiert, wenn sie alleine in den Straßen umherirrt«, fährt Mohammad al-Ghazi fort.

Abdo hat eine Idee: Ich könnte doch bei ihm zu

Hause Unterschlupf finden. Noch immer scheint er meine Geschichte nicht verdaut zu haben und ist zu allem bereit, um mich aus den Klauen meines Mannes zu retten. Doch er nimmt sein Angebot gleich wieder zurück, als ihm einfällt, dass seine Frau und seine Kinder aufs Land gefahren sind. In unserer islamischen Tradition darf sich eine Frau nicht alleine bei einem Mann aufhalten, der nicht ihr *mahram*, also nicht direkt mit ihr verwandt ist.

Was tun?

Schließlich zeigt sich ein dritter Richter, Abdel Wahed, bereit, mich bei sich aufzunehmen. Bei ihm ist die Familie zu Hause, und sie haben Platz genug, um mich unterzubringen. Ich bin gerettet! Zumindest vorläufig. Abdel trägt ebenfalls einen Schnurrbart, doch er ist stämmiger als Abdo. Seine Nickelbrille verleiht ihm ein ernstes Aussehen, und in seinem Anzug wirkt er sehr imponierend. Ich traue mich nicht so recht, mit ihm zu sprechen. Doch ich reiße mich zusammen. Lieber überwinde ich meine Schüchternheit, als nach Hause zurückzugehen. Außerdem beruhigt es mich, dass er wie ein wirklicher *Aba* aussieht, der sich gut um seine Kinder kümmert. Nicht wie meiner …

Sein Auto ist groß und bequem. Und sehr sauber. Es kommt sogar kühle Luft aus kleinen Ventilatoren, die vorne im Auto eingebaut sind. Das kitzelt mir im Gesicht und ist sehr angenehm. Während der Fahrt mache ich kaum den Mund auf. Keine Ahnung, ob das an meiner Schüchternheit liegt oder an meiner Bangigkeit, oder einfach daran, dass ich mich jetzt so gut fühle, weil plötzlich so viele um meine Sicherheit besorgt sind und weil ich Menschen gefunden habe, die bereit sind, mir zu helfen.

Abdel Wahed bricht das Schweigen:

»Du bist ein sehr mutiges Mädchen! Bravo! Mach dir keine Sorgen, es ist dein gutes Recht, die Scheidung zu beantragen. Vor dir standen schon andere Mädchen vor demselben Problem, aber sie haben es leider nicht gewagt, darüber zu sprechen. Wir tun unser Möglichstes, um dich zu schützen. Wir werden nichts unversucht lassen. Und wir werden dich auf keinen Fall zu deinem Mann zurückschicken. Niemals! Ehrenwort!«

Meine Lippen formen sich zu einer Mondsichel. Es ist lange her, dass ich das letzte Mal gelächelt habe!

»Vielleicht ist es dir noch nicht klargeworden, aber du bist ein außergewöhnliches Mädchen!«, fügt er bekräftigend hinzu.

Ich werde rot.

Als wir zu Abdel Wahed nach Hause kommen, stellt er mich sofort seiner Frau Saba und seinen Kindern vor. Ihre Tochter Shima dürfte drei bis vier Jahre jünger sein als ich. In ihrem Zimmer hat sie ganz viele Fulla-Puppen, die orientalische Version der blonden amerikanischen Barbie, von der die Mädchen im Jemen träumen.

»Haram!«

Das ist Shimas spontane Reaktion auf die Mitteilung ihrer *Omma*, dass ein böser Mann mich geschlagen habe. Die Kleine runzelt die Stirn und ahmt einen Erwachsenen nach, der dazu ansetzt, jemanden auszuschimpfen. Es berührt mich, dass sie so mitfühlend ist. Mit einem kameradschaftlichen Lächeln nimmt sie mich an der Hand und gibt mir mit einer Geste zu verstehen, dass ich ihr folgen soll, um mit ihr zu spielen.

Die vier Jungen schauen sich derweil Trickfilme an. Es gibt hier zwei Fernseher. Was für ein Luxus!

»Fühl dich wie zu Hause«, sagt Saba mit sanfter, einladender Stimme.

So kann also Familienleben aussehen. Zuerst hatte ich Bammel, dass sie mich neugierig anstarren würden, und jetzt gehöre ich schon zu ihnen. Ich fühle mich wohl! Sie geben mir das Gefühl, dass ich ihnen alles sagen kann. Ohne verurteilt zu werden. Ohne bestraft zu werden. An diesem Abend sitze ich im Schneidersitz im Wohnzimmer und habe zum ersten Mal die Kraft, meine Geschichte zu erzählen.

4. Die Heirat

Februar 2008

Mit Mona verging die Zeit wie im Flug, wenn wir auf der Hayle Avenue flanieren gingen. Manchmal, wenn wir unsere Nasen zu lange an dem Schaufenster unserer Lieblingsboutique plattdrückten, verschwanden die Abendkleider hinter einem feuchten Beschlag, der sich vor unseren Augen bildete. Meine ganze Aufmerksamkeit galt stets einem weißen Hochzeitskleid, das an einer Schaufensterpuppe aus Plastik wie angegossen wirkte. Ein Kleid für eine Dame! Was für ein Gegensatz zu all diesen Frauen auf der Straße, die von Kopf bis Fuß in Schwarz gehüllt waren.

»*Inch'Allah – so Gott will –,* bekommst du so eins am Tag deiner Hochzeit«, flüsterte mir Mona zu, und ihre schelmischen Augen waren umrahmt von ihrem *niqab*, der ihr restliches Gesicht bedeckte, sobald sie aus dem Haus ging.

Mona lächelte selten. Sie hatte nicht das Glück gehabt, ein fröhliches Hochzeitsfest zu erleben. Auf die Schnelle verheiratet, hatte sie nur ein blaues Kleid bekommen, und abgesehen von dieser einen Auskunft, antwortete sie immer ausweichend auf Fragen über die Umstände ihrer Heirat. Seit ihr Mann verschwunden war, hatte ich nichts mehr über ihn gehört. Ich stellte mir vor, dass er auf Reisen war, irgendwo, weit entfernt vom Jemen, doch hütete ich mich, mehr darüber erfahren zu wollen. Mona hatte es nicht gern, wenn man ihr Fragen darüber stellte. Sie begnügte sich damit, mir zuzuflüstern, sie wünsche mir, glücklich zu werden und einen liebevollen und respektvollen Mann zu bekommen.

Ich hätte nie gedacht, dass dieser Tag so schnell kommen würde.

Von der Heirat hatte ich keine klare Vorstellung. Für mich war es vor allem ein großes Fest mit einer Menge Geschenke, Schokolade und natürlich Schmuck. Ein neues Haus, ein neues Leben! Einige Jahre zuvor hatte ich schon einmal verschiedene Zeremonien von entfernten Vettern und Cousinen miterlebt. Es gab Musik und fröhliche Tänze. Unter ihren *balto*, den langen schwarzen Mänteln, waren die Frauen sehr elegant. Ihre Gesichter perfekt geschminkt, ihre Haare vom Friseur geglättet. Wie auf den Fotos der Shampoo-Fläschchen. Die Verführerischsten knipsten sich eine kleine schmetterlingsförmige Spange in den Pony. Ich hatte auf diesen Festen immer sehr viel Spaß! Ich erinnere mich an die Hennamuster, die die Hände und Arme der jungen Bräute zierten. Mit Motiven in Form von Blumen. Henna war schön. Ich sagte mir, dass auch ich eines Tages meine Hände mit Henna schmücken würde.

Die Nachricht kam plötzlich und unerwartet. Als *Aba* mir ankündigte, dass nun ich an der Reihe sei, begriff ich nicht, was auf mich zukam. Anfangs nahm ich die bevorstehende Hochzeit fast erleichtert hin und sah sie als eine Art Notausgang. Zu Hause war das Leben unmöglich geworden. Seit *Aba* seine Arbeit bei der Stadtverwaltung verloren hatte, war es ihm nie wieder gelungen, eine Vollzeitstelle zu finden. Wir waren immer zu spät mit der Miete, und der Eigentümer drohte regelmäßig, uns hinauszuwerfen.

Um Geld zu sparen, kochte *Omma* nur Reis mit Gemüseragout. Sie brachte mir neuerdings bei, ihr im Haushalt mitzuhelfen. Mit ihr bereitete ich das *shafout* zu, eine Art großen Pfannkuchen, auf den man mit Zwiebeln und Knoblauch verfeinerten Joghurt streicht, und den *bin-al-sahn*, eine köstliche Honignachspeise. Wenn mein Vater genügend Geld nach Hause brachte, schickte sie meine Brüder ein Hühnchen kaufen, das sie dann am Freitag, dem heiligen Wochentag des muslimischen Kalenders, kochte. Rotes Fleisch kam nicht in Frage, das war zu teuer. Das letzte Mal, dass ich mich erinnern kann, *fatah*, ein Rinderragout, gegessen zu haben, war bei meinem ersten Besuch in einem Restaurant, in das uns unsere Cousins eingeladen hatten, um das *Aïdfest* zu feiern. Wir durften sogar »Bebsi« trinken, ein schwarzes, kohlensäurehaltiges Getränk aus Amerika. Und als wir gingen, besprühte ein Ober meine Hände mit Parfum, als gehörte ich schon zu den Großen. Wie das duftete!

Omma hatte mir außerdem beigebracht, wie man Brotfladen backt. Sie entfachte das Feuer, während ich den Brotteig knetete, ihn ausrollte und ihm dabei die Form eines Vollmondes gab, um ihn anschließend an den Seiten des *tandour*, des traditionellen Ofens, auszulegen. Eines Tages aber verzichtete sie schließlich auf ihren *tandour* und verdiente sich damit ein paar Scheine auf dem Schwarzmarkt. Immer wenn wir in Not waren, verkaufte sie ein paar ihrer eigenen Habseligkeiten. Sie hatte letztlich gelernt, nicht mehr auf meinen Vater zu zählen.

Und dann kam der Tag, an dem kaum mehr etwas zu verkaufen blieb. Da bei uns aus Geldmangel ständig die Mahlzeiten ausfielen, gesellten sich meine Brüder irgendwann zu den kleinen Straßenhändlern, die an der roten Ampel an die Scheiben der Autos klopfen, in der Hoffnung, etwas Kleingeld für ein Päckchen Kaugummi oder Papiertaschentücher zu bekommen. Mona fing schließlich auch damit an. Doch mit dem Betteln hatte sie kein Glück. Nach vierundzwanzig Stunden wurde sie von der Polizei aufgelesen und für ein paar Tage in ein Heim für Leute gesteckt, die Dummheiten machen. Nach ihrer Rückkehr erzählte sie zu Hause, sie habe Damen kennengelernt, die man bezichtigte, mit mehreren Männern zugleich zu verkehren, und die von den Gefängniswärterinnen an den Haaren gezogen wurden. Als sie sich von ihren Aufregungen wieder erholt hatte, machte sie sich erneut auf, um ein paar Geldstücke zu erbetteln, und wieder sah sie sich unverhofft einer Polizeistreife gegenüber. Nach dieser zweiten Verhaftung gab sie es endgültig auf. Nun waren wir, Haïfa und ich, an der Reihe, unser Glück zu versuchen. Uns an den Händen haltend, kratzten wir mit den Fingernägeln an den Autoscheiben und wagten kaum, unseren Blick zu den Autofahrern zu erheben. Ich machte das gar nicht gern, aber wir hatten keine andere Wahl.

An den Tagen, an denen *Aba* sich nicht bis spät im Bett verkroch, ging er los und hockte sich wie die anderen Arbeitslosen auf einen der Plätze unseres Viertels, in der Hoffnung, eine Tagesanstellung als Arbeiter, Maurer oder Mann für alles zu ergattern, gegen eine Bezahlung von 1000 *Rial*. Seine Nachmittage verbrachte er immer häufiger bei Nachbarn zum *kath*-Kauen. Er sagte, es helfe ihm, seine Probleme zu vergessen. Es war zum Ritual geworden. Im Schneidersitz zwischen den anderen Männern des Viertels fischte er sich die besten grünen Blätter aus einer Plastiktüte und steckte sie sich in den Mundwinkel. Je leerer die Tüte wurde, desto mehr schwoll seine Wange an. Die Blätter bildeten schließlich eine Kugel, auf der er stundenlang herumkaute.

Bei einer dieser *kath*-Sitzungen war ein junger Mann um die dreißig auf ihn zugegangen.

»Ich möchte, dass unsere beiden Familien einen Bund schließen«, sagte der Mann zu ihm.

Er hieß Faez Ali Thamer, arbeitete als Bote und lieferte mit seinem Motorrad überallhin Pakete aus. Er stammte wie wir aus dem Dorf Khardji und war auf der Suche nach einer Frau. Mein Vater stimmte sofort zu. In der logischen Abfolge war ich diejenige, die nun nach meinen älteren Schwestern Jamila und Mona verheiratet werden musste. Als er nach Hause kam, verkündete er uns seine Entscheidung. Und niemand konnte widersprechen.

Noch am selben Abend hörte ich zufällig ein Gespräch zwischen meinem Vater und Mona.

»Nojoud ist viel zu jung, um zu heiraten«, rief Mona aus.

»Zu jung? Als der Prophet Mohammed Aischa

heiratete, war sie erst neun Jahre alt«, entgegnete ihr mein Vater.

»Ja, aber das war zur Zeit des Propheten. Heute ist das anders.«

»Hör zu, diese Hochzeit ist die beste Möglichkeit, sie zu schützen!«

»Wie meinst du das?«

»Das weißt du genau. Wir ersparen ihr damit den Ärger, den du und Jamila gehabt habt. Wir ersparen ihr, von einem Unbekannten mitgenommen zu werden und böse Gerüchte über sich hören zu müssen. Dieser Mann macht wenigstens einen anständigen Eindruck. Er ist im Viertel bekannt. Er kommt aus unserem Dorf. Und er hat versprochen, Nojoud nicht anzurühren, bevor sie nicht größer ist.«

»Aber ...«

»Ich habe meinen Entschluss gefasst! Außerdem weißt du ganz genau, dass wir nicht genügend Geld haben, um die ganze Familie zu ernähren. So haben wir ein Maul weniger zu stopfen.«

Meine Mutter schwieg zu alldem. Sie wirkte traurig, doch sie schien sich damit abzufinden. Schließlich hatte auch meine Mutter eine arrangierte Heirat hinnehmen müssen, wie die meisten jemenitischen Frauen. Sie musste es also wissen, dass in unserem Land die Frauen alles erdulden, während die Männer die Befehle erteilen. Mich zu verteidigen, wäre zwecklos gewesen.

Abas Worte gingen mir durch den Kopf: »Ein Maul weniger zu stopfen«. Ich war also in seinen Augen nur eine Last, die er sich bei der ersten Gelegenheit vom Halse schaffen wollte. Es stimmt, dass ich nicht immer das brave Mädchen gewesen war, das er gerne gehabt hätte. Aber es liegt doch in der Natur von Kindern, dass sie Dummheiten machen, oder nicht? Und ich liebte ihn, trotz seiner Fehler, trotz des *kath*-Gestanks, trotz der Beharrlichkeit, mit der er uns auf die Straße schickte, um ein paar Stücke Brot zu erbetteln.

»Wir ersparen ihr den Ärger, den du und Jamila gehabt habt.« Was genau meinte er mit diesem Satz? Das Einzige, das ich wusste, war, dass eine Woche vergangen war, dann eine weitere und dann noch eine, ohne dass Jamila wiederkam. Ich hatte am Ende sogar aufgegeben, die Tage zu zählen, die mich immer weiter von ihr trennten. Ausgerechnet sie, die uns so oft besucht hatte, war nun endgültig verschwunden. Ich mochte Jamila sehr. Sie war zurückhaltend und redete nicht viel. Doch sie war großzügig und aufmerksam. Manchmal brachte sie mir Süßigkeiten. Monas Mann war seit dieser rätselhaften Abreise ebenfalls nicht mehr zurückgekommen. Wo steckte er nur? Zu kompliziert für mich, diese Erwachsenengeschichten.

In seiner Abwesenheit stellte Monas Schwiegermutter die Forderung, das Sorgerecht für ihre Enkel zu bekommen. Monira war nun drei Jahre und Nasser anderthalb Jahre alt. Mona brach es fast das Herz, und sie legte eine unglaubliche Energie an den Tag, um nicht von ihren Kindern getrennt zu werden. Ihr Kampf endete mit einem halben Sieg. Da sie hartnäckig blieb, gelang es ihr schließlich, den Kleinen bei sich zu behalten, unter dem Vorwand, er müsse von ihr gestillt werden. Wie besessen von der Angst, ihn zu verlieren, ließ sie ihn keine Sekunde aus den Augen. Sobald er sich von ihr entfernte, rannte sie ihm nach und schloss ihn fest in die Arme, wie einen Schatz, den man zu verbergen sucht.

Die Heiratsvorbereitungen folgten Schlag auf Schlag. Und mein Unglück wurde mir nun sehr schnell klar. Auf Beschluss der Familie meines künftigen Mannes durfte ich einen Monat vor der Hochzeitsnacht nicht mehr zur Schule gehen. Schweren Herzens gab ich Malak einen Abschiedskuss und sagte ihr, ich würde bald wiederkommen, versprochen.

»Irgendwann fahren wir mal zusammen ans Meer«, flüsterte sie mir zu und schloss mich fest in die Arme.

Ich sollte sie nie wiedersehen.

Auch von meinen beiden Lieblingslehrerinnen, Samia und Samira, musste ich mich verabschieden. Sie hatten mir beigebracht, meinen Vornamen auf Arabisch zu schreiben, von rechts nach links – den

Bogen des »noun«, den Hüftschwung des »jim«, die Schlaufe des »waou« und die Zange des »del«: Nojoud! Ich hatte ihnen viel zu verdanken.

Mathematik und der Koranunterricht zählten zu meinen Lieblingsfächern. In der Schule hatten wir die fünf Säulen des Islams auswendig gelernt: die *chahada,* das Glaubensbekenntnis, die fünf täglichen Gebete, der *haj,* also die große Pilgerreise nach Mekka, der *zakat,* das Almosen, das man den Bedürftigen gibt, um ihnen zu helfen, und schließlich der Fastenmonat Ramadan, während dem man zwischen Aufgang und Untergang der Sonne weder essen noch trinken darf. Wenn wir einmal größer seien, sagte Samia zu uns, würden auch wir fasten.

Doch am liebsten mochte ich den Malunterricht. Mit meinen Buntstiften malte ich Birnen und Blumen. Und auch Villen mit blauen Dächern, grünen Fensterläden und roten Schornsteinen. Vor dem Eingangstor stellte ich zuweilen einen Wächter in Uniform dar. Ich hatte gehört, dass die Häuser von Leuten, die viel Geld haben, von Wächtern beschützt werden. Im Garten malte ich immer viele Obstbäume. Mit einem kleinen Wasserbecken in der Mitte.

In der Pause spielten wir Verstecken und sagten Abzählreime auf. Ich hatte die Schule für mein Leben gern. Sie war mein Zufluchtsort, mein eigener kleiner Glücksmoment.

Auch die kurzen Abstecher zu meinen Nachbarn,

die nur ein paar Meter von uns entfernt wohnten, konnte ich nun vergessen. Bei ihnen gab es ein Transistorradio. Ich hatte es mir angewöhnt, sie mit meiner kleinen Schwester Haïfa zu besuchen und Kassetten von Haïfa Wehbe und Nancy Ajram zu hören, zwei hübschen libanesischen Sängerinnen mit langen Haaren und einer Menge Make-up. Sie hatten schöne Augen und vollendete Nasen. Wir vergnügten uns damit, sie zu imitieren, indem wir mit den Wimpern klimperten und die Hüften wiegten. Es gab auch eine jemenitische Sängerin, Jamila Saad, die uns gut gefiel. Ein echter Star! »Du bist so stolz auf dich. Du meinst, du bist der Beste«, hieß es in einem ihrer Liebeslieder.

Unsere Nachbarn gehörten zudem zu den wenigen Glücklichen im Viertel, die einen Fernseher besaßen. Fernsehen war für mich wie Reisen. Ich liebte »Tom und Jerry«, das war meine Lieblingszeichentrickserie, aber auch »Adnan und Lina«, die Geschichte zweier asiatischer Freunde in einem fernen Land. Sie hatten alle beide Schlitzaugen. Ich glaube, sie waren Japaner oder Chinesen. Aber das Unglaubliche war, dass sie arabisch sprachen wie ich, ganz ohne Akzent! Adnan war ein mutiger Junge, der Lina immer helfen wollte. Er rettete sie auch mehrmals aus den Fängen böser Figuren, die sie entführen wollten. Hatte sie ein Glück! Ich beneidete sie sehr.

Adnan erinnerte mich an Eyman, einen Jungen aus Al-Qa, den ich nie vergessen werde. Eines Tages, als ich mit ein paar Freundinnen die Straße entlangging, versperrte uns ein Junge den Weg. Er wollte uns Angst machen und rief unanständige Dinge, die sich wie Beleidigungen anhörten, deren Bedeutung ich aber nicht wirklich verstand. Als er unsere verschüchterten Gesichter sah, grinste er blöd. Da tauchte unerwartet Eyman auf und schnappte ihn sich.

»Hau ab, oder ich werfe dir Steine ins Gesicht!«, drohte er ihm.

Verängstigt hatte der Junge die Flucht ergriffen. So eine Erleichterung! Das war das erste und letzte Mal, dass mich jemand verteidigt hat. Eyman wurde für mich zum Held meiner Träume. Ich sagte mir, dass ich, wenn ich einmal groß wäre, vielleicht das Glück haben würde, einen Mann wie ihn zu bekommen.

»Jujujujujuju!!!«

Die Cousinen der Familie klatschten in die Hände, als sie mich ankommen sahen. Ich konnte kaum ihre Gesichter erkennen, denn Tränen erfüllten meine Augen. Ich schritt langsam voran und gab mir größte Mühe, nicht über das Gewand zu stolpern, das mir zu groß war und über den Boden streifte. Man hatte mir auf die Schnelle eine lange schokoladenbraune, halb verwaschene Tunika übergezogen, die der Frau meines künftigen Schwiegervaters gehörte. Eine Verwandte hatte mir die Haare zu einem Knoten gerafft, der mir auf den Kopf drückte. Ich bekam nicht einmal einen Strich Wimperntusche auf die Augen. Als mein Blick einen kleinen Spiegel streifte, konnte ich rasch meine runden Wangen und meine braunen Mandelaugen betrachten, die sich zur Seite hin leicht verengten. Meine Stirn war glatt und meine Lippen hellrot. So genau ich mein Gesicht untersuchte, ich konnte keine einzige Falte erkennen. Ich war zu jung, viel zu jung.

Keine zwei Wochen waren seit dem Heiratsantrag vergangen. Nach den hiesigen Bräuchen fand das Fest unter Frauen im winzigen Haus meiner Eltern statt. Wir waren allerhöchstens vierzig Personen. Währenddessen saßen die Männer bei einem meiner Onkel, um *kath* zu kauen. Ebenfalls unter Männern und hinter verschlossener Tür war zwei Tage zuvor der Ehevertrag unterzeichnet worden. Alles war ohne mein Wissen geschehen. Weder ich noch meine Mutter oder meine Schwestern hatten das Recht, zu erfahren, was geschah. Nur weil sich meine kleinen Brüder auf die Straße aufgemacht hatten, um etwas Geld für die Verköstigung der Runde zu erbetteln, die sich aus *Aba,* meinem Onkel und meinem künftigen Mann in Begleitung seines Bruders und seines Vaters zusammensetzte, hatten wir am

Spätnachmittag Wind von der Sache bekommen. Das Treffen hatte unter Einhaltung genau festgelegter Stammesregeln stattgefunden. Der Schwager meines Vaters, der als Einziger *lesen und schreiben* konnte, diente als Notar. Er verfasste den Vertrag. Es wurde beschlossen, dass meine *Mitgift* 150 000 *Rial* betragen sollte.

»Keine Sorge«, hörte ich meinen Vater meiner Mutter zuflüstern, als es dunkel geworden war. »Er musste uns versprechen, dass er Nojoud bis ein Jahr nach ihrer ersten Periode nicht anrührt.«

Ein Schauder durchfuhr meinen Körper.

Das Fest, das zur Mittagszeit begonnen hatte, war im Nu wieder vorbei. Ohne weißes Kleid. Ohne Henna-Blumen auf den Händen. Ohne meine Lieblingsbonbons mit Kokosnuss, die ich so sehr mag und die mich an den süßen Geschmack meiner glücklichen Tage erinnern. Mir jedoch schien es eine Ewigkeit zu dauern. In einer Zimmerecke sitzend, weigerte ich mich, mit den anderen Frauen zu tanzen, denn langsam begriff ich, dass mein Leben sich an einem Wendepunkt befand. Doch nicht zum Besseren. Die Jüngsten begannen, ihre Bauchnabel zur Schau zu stellen und sich hin- und herzuwiegen wie in einem kitschigen Videoclip. Hand in Hand erhoben sich die Älteren zu traditionelleren Folkloretänzen, wie man sie in den Dörfern sieht. Zwischen zwei Musikstücken machten sie eine Pause und sprachen mir

Grüße aus. Ich gab ihnen einen Kuss, wie es sich gehörte. Doch es gelang mir nicht einmal, ein Lächeln aufzusetzen.

Ich blieb, das Gesicht aufgedunsen vom vielen Weinen, regungslos in einer Ecke des Wohnzimmers sitzen. Ich wollte meine Familie nicht verlassen. Ich fühlte mich noch nicht bereit. Ich vermisste die Schule bereits entsetzlich, und Malak noch viel mehr. Als ich während des Festes dem traurigen Blick meiner kleinen Schwester Haïfa begegnete, begann mir klarzuwerden, dass ich auch sie vermissen würde. Eine Befürchtung erfüllte plötzlich meine Gedanken: Was, wenn auch sie zum selben Schicksal verdammt wäre wie ich?

Bei Sonnenuntergang zogen sich die Gäste zurück, und ich nickte vollständig bekleidet neben Haïfa ein. Meine Mutter kam etwas später zu uns, nachdem sie das Wohnzimmer aufgeräumt hatte. Als mein Vater von seiner Männerversammlung nach Hause kam, waren wir alle schon eingeschlafen. In meiner letzten Nacht als Unverheiratete träumte ich nichts. Ich erinnere mich genauso wenig daran, unruhig geschlafen zu haben. Ich fragte mich lediglich, ob ich am nächsten Morgen wie aus einem bösen Traum erwachen würde.

Als die Sonnenstrahlen gegen sechs Uhr morgens in das Schlafzimmer fluteten, riss mich *Omma* aus dem Schlaf und winkte mich in den kleinen Gang.

Wie jeden Morgen verneigten wir uns vor Allah und sprachen dabei das erste Gebet des Tages. Dann servierte sie mir eine Schale mit *foul* – weißen Bohnen mit Zwiebeln und Tomatensoße, die man zum Frühstück isst – und dazu eine Tasse *chai* – Tee – mit Milch.

Ein kleines Bündel erwartete mich vor der Tür, doch ich tat, als hätte ich es nicht gesehen. Erst als vor dem Haus eine Hupe erklang, musste ich mich in mein neues Leben voller Ungewissheiten fügen. Meine Mutter drückte mich fest an sich und half mir dann, mich in meinen Mantel und ein schwarzes Kopftuch zu hüllen. In den Jahren zuvor hatte ich mich mit einem kleinen bunten Schleier begnügt, wenn ich auf die Straße ging. Es kam sogar vor, dass ich ihn vergaß, doch das kümmerte niemanden. Dann sah ich, wie *Omma* in das Bündel fasste und einen schwarzen *niqab* daraus hervorholte, den sie mir übergab. Bis zu diesem Tag war ich noch nie dazu gezwungen worden, mich vollständig zu verschleiern.

»Von heute an musst du dich verschleiern, wenn du auf die Straße gehst. Du bist jetzt eine verheiratete Frau. Dein Gesicht darf nur dein Mann sehen. Denn sein *sharaf* – seine Ehre – steht auf dem Spiel. Und du darfst seine Ehre nicht beflecken.«

Ich nickte traurig und verabschiedete mich von ihr. Ich war böse auf sie, dass sie mich im Stich ließ, aber ich fand keine Worte, um ihr meinen Schmerz auszudrücken.

Auf dem Rücksitz des Geländewagens, der mich vor der Eingangstür erwartete, saß ein kleiner Mann, der mich anstarrte. Er trug eine lange weiße Tunika, wie *Aba*, und einen Schnurrbart. Sein zerzaustes Haar war kurzgeschnitten und leicht gelockt. Er hatte braune Augen und war schlecht rasiert. Seine Hände waren ölverschmiert. Er war kein schöner Mann. Auf mich wirkte er wie ein Monster. Das also war Faez Ali Thamer, der sich dazu entschlossen hatte, mich zur Frau zu nehmen, dieser Unbekannte, dem ich vielleicht schon einmal in Khardji begegnet war, wohin wir in den letzten Jahren zuweilen zurückgekehrt waren, jedoch konnte ich mich nicht an ihn erinnern.

Mir wurde der Platz auf der ersten Rückbank hinter dem Fahrer zugewiesen, neben vier weiteren Fahrgästen, darunter die Frau vom Bruder meines Mannes.

Sie alle lächelten verkrampft und wirkten nicht sehr gesprächig. Er, der Unbekannte, saß neben seinem Bruder auf der zweiten Rückbank. Ich war etwas beruhigt, dass ich ihm während unserer langen Fahrt nicht ins Gesicht sehen musste. Doch spürte ich seinen Blick auf mir, was mich erschauern ließ. Wer war er eigentlich? Warum hatte er mich heiraten wollen? Was erwartete er von mir? Und was bedeutete Heirat denn eigentlich genau? Auf all diese Fragen hatte ich keine Antwort.

Als der Motor zu knattern begann und der Fahrer auf das Gaspedal trat, konnte ich mir ein paar weitere Tränen nicht verkneifen. Mein Herz klopfte mir bis an den Hals. Das Gesicht ans Fenster gepresst, ließ ich *Omma* nicht aus den Augen, bis von ihr nur noch ein winzig kleiner Punkt übrig blieb, der im Unendlichen verschwand.

Ich gab während der ganzen Fahrt kein Wort von mir. Gedankenverloren hatte ich nur diese eine Idee im Kopf: ein Mittel zu finden, um wieder nach Hause zu können. Reißaus nehmen! Doch je weiter sich das Auto von Sanaa entfernte, desto klarer wurde mir, dass ein solcher Versuch aussichtslos wäre. Immer wieder war ich drauf und dran, mir den *niqab* herunterzureißen, durch den ich kaum Luft bekam. Ich fühlte mich klein, zu klein für all das. Für diesen *niqab*, für diese lange Reise, weit entfernt von meinen Eltern, für dieses neue Leben an der Seite eines Mannes, der mich anwiderte und den ich nicht kannte. Der Geländewagen bremste abrupt.

»Kofferraum aufmachen!«

Die Stimme des Soldaten schreckte mich auf. Erschöpft vom vielen Weinen, war ich schließlich eingenickt. Doch dann fiel mir sogleich wieder ein, dass an der Straße nach Norden zahlreiche Kontrollposten aufgestellt waren und wir uns erst am ersten befanden. Sie hingen anscheinend mit dem Krieg zusammen, der im Norden zwischen der Armee und den *Al-Huthi*-Rebellen wütete. Mein Vater sagt, die Huthis seien Schiiten, während die meisten Jemeniten Sunniten sind. Was der Unterschied ist? Ich habe nicht die geringste Ahnung. Ich weiß nur, dass ich Muslimin bin und täglich meine fünf Gebete spreche.

Nach einem kurzen Blick ins Innere des Wagens gab uns der Soldat das Zeichen zur Weiterfahrt. Hätte ich doch nur die Gelegenheit genutzt, ihn um Hilfe zu bitten und mich aus dieser Lage zu retten! Hatte er denn mit seiner grünen Uniform und der geschulterten Waffe nicht die Aufgabe, für Ordnung und Sicherheit zu sorgen? Ich hätte ihm doch sagen können, dass ich Sanaa nicht verlassen wollte, dass ich befürchtete, mich auf dem Dorf zu langweilen, und dort niemanden mehr kannte.

An die Hauptstadt Sanaa hatte ich mich schließlich gewöhnt. Ich mochte die Baustellen, die breiten Straßen, die Werbeplakate für Handys und Orangenlimonade, die am Gaumen prickelt. Die Luftverschmutzung und die Staus waren für mich zum Alltag geworden. Doch vor allem würde ich die Altstadt, Bab al-Yemen, das Tor des Jemen, vermissen. Bab al-Yemen, eine regelrechte Stadt in der Stadt, ein zauberhaftes Viertel, durch das ich gerne schlenderte, an Monas oder Jamilas Hand, und mich dabei fühlte wie eine Abenteurerin, die auf Forschungsreise geht. Eine Welt für sich, mit Lehmhäusern und weißen Arabesken als Fensterschmuck. So zart waren diese Muster, dass ich mir vorstellte, indische Architekten wären vor sehr langer Zeit dort vorbeigekommen, lange vor meiner Geburt. Dieses Viertel war so edel, dass ich mir die Geschichte eines Königs und einer Königin erdacht hatte, die dort glückliche Tage verlebt haben mussten. Vielleicht gehörte ihnen sogar die gesamte Altstadt?

Sobald man Bab al-Yemen betrat, ertönten von überallher Geräusche: Die Rufe der Händler und barfüßigen Bettler vermischten sich mit dem Gedudel alter Kassettenrekorder. In einer Seitengasse konnte es vorkommen, dass ein junger Schuhputzer einen am Fuß packte und seine Dienste anbot. Dann plötzlich übertönte der Ruf zum Gebet das wirre Konzert. Mit Vergnügen streckte ich die Nase in die Luft und schnupperte den Duft von Kümmel, Zimt, Nelken, Nüssen und Rosinen, die aus den Verkaufsständen kullerten. Zuweilen stellte ich mich auf die Fußspitzen, um das Warenangebot der Stände besser zu überblicken, denn sie waren etwas zu hoch für mich. Sie drängten sich, so weit das Auge reichte, und boten in buntem Durcheinander *jambias* aus Silber, gestickte Dreieckstücher, Teppiche, süße Krapfen, Henna und Kleider für kleine Mädchen in meinem Alter.

In Bab al-Yemen konnte es auch geschehen, dass einem Frauen mit langen, buntgeblümten Schleiern begegneten, die man *sitara – Vorhänge* – nennt. Ich sagte mit Vorliebe »die Altstadtdamen« zu ihnen, denn ihre Gewänder in fröhlichen Farben unterschieden sich stark von den schwarzen Schleiern, die Frauen für gewöhnlich auf der Straße trugen, und schienen einem anderen Zeitalter entsprungen.

Eines Nachmittags, als ich meine Tante zum Einkaufen begleitete, verirrte ich mich schließlich im dichten Gedränge. Ich hatte mich von dieser fast übernatürlichen Welt ablenken lassen, die ich mit beiden Augen genüsslich in mich aufsog. Ich machte kehrt, um meine Tante wiederzufinden. Doch bald stellte ich fest, dass sich die Gassen alle ähnelten. Musste ich nun die nächste rechts abbiegen? Oder links? Verwirrt und schluchzend sank ich in die Knie. Ich war verloren. Nichts zu machen. Und es dauerte gut zwei Stunden, bis mich ein Händler bemerkte, der meine Tante kannte.

»Nojoud, wann hörst du endlich auf, so kopflos durch die Welt zu gehen?«, herrschte sie mich an und packte mich bei der Hand.

Verloren war ich auch am Tag nach meiner Hochzeit gewesen, als ich in dem unbequemen Geländewagen saß. Doch nun war die Welt um mich herum pure Wirklichkeit. Vorbei war es mit dem Zauber der Gewürze und den wohlwollenden Blicken der Händler, die den Kindern ihre warmen Krapfen zum Probieren anboten. Mein Leben nahm allmählich eine neue Wendung in dieser Welt der Großen, in der Träume keinen Platz mehr haben, in der alle Gesichter erstarrt sind und kein Mensch sich um mich schert.

Sobald die Hauptstadt hinter uns lag, verwandelte sich die Autobahn in ein langes Asphaltband, das sich zwischen Berg und Tal hindurchschlängelte. In jeder Kurve klammerte ich mich fest an den Haltegriff meines Sitzes. Mein Magen rebellierte und verkrampfte sich. Mehrmals musste ich mich kräftig kneifen, um meine Übelkeit zu unterdrücken. Lieber wäre ich gestorben, als das Monster darum zu bitten, mich am Straßenrand aussteigen zu lassen, um frische Luft zu schnappen. Ich musste durchhalten, also schluckte ich vorsichtig immer wieder und versuchte, dabei so wenige Geräusche wie möglich zu machen.

Um mich von der Umgebung abzukapseln, vertrieb ich mir die Zeit damit, die winzigsten Einzelheiten der Landschaft zu erfassen. Alte, verfallene Ruinen, die sich an Felsvorsprünge krallten. Kleine braune Häuser mit weißen Verzierungen, die mich entfernt an Bab al-Yemen erinnerten. Kakteen am Straßenrand, ausgetrocknete Passhöhen, die mit kleinen Parzellen Ackerland abwechselten, auf denen Ziegen und Kühe weideten. Auch Frauen waren zu sehen, die Gesichter mit Tüchern verhüllt, die sie auf Mundhöhe knoteten. Ich meinte auch, zwei überfahrene Katzen zu erkennen, doch kniff ich schnell die Augen zu, denn sie waren ein trauriger Anblick. Als ich sie wieder aufmachte, war unser Auto umgeben von einem Meer aus *kath*-Sträuchern. Rechts und links Grün, so weit das Auge reichte. Es war wunderschön! Eine sanfte Frische!

»Der *kath*, das ist unser Untergang. Der braucht so viel Wasser, dass wir bald alle in diesem Land vor Durst verrecken werden!«, rief der Fahrer.

Das Leben, dachte ich im Stillen, ist schon seltsam. Sogar schöne Dinge können Schaden anrichten. Nicht nur die Bösen säen Böses. Wie soll man da noch durchblicken.

Ein Stück weiter, zu meiner Rechten, erkannte ich schließlich Kokaban, ein kleines Dorf, das hoch oben auf einem Hügel direkt in den Fels gehauen war. Ich erinnerte mich, dass ich als kleines Kind mit meinen Eltern dort vorbeigekommen war, als wir zum *Aïdfest* in ein anderes Dorf unterwegs waren. Es heißt, die Frauen von Kokaban seien schön und schlank, weil sie jeden Morgen zur Feldarbeit den Berg hinabsteigen. Eine Stunde bergab. Und eine Stunde bergauf. Eine ganz schöne Leistung! Und wie tapfer von ihnen! Eine Stunde bergab. Und eine Stunde bergauf. Eine Stunde bergab. Und eine Stunde bergauf …

Das Brummen des Motors weckte mich und ließ mich aufschrecken. Wie viele Stunden hatte ich geschlafen? Wie viele Kilometer hatten wir schon zurückgelegt? Ich hatte keine Ahnung.

»Eins … zwei … und drei!«

An der Rückseite unseres Geländewagens drängte sich ein halbes Dutzend Männer um den Kofferraum und mühte sich mit voller Kraft, unser Fahrzeug anzuschieben, das in einem Erdloch festhing. Auf einer Tafel, die in eine von den Rädern aufgewirbelte Staubwolke gehüllt war, entzifferte ich mühsam den Namen des ausgetrockneten und öden Dorfes, in dem wir gelandet waren. Arjom. Offenbar hatten wir soeben die Hauptstraße verlassen und einen holprigen Weg voller Schlaglöcher eingeschlagen, der den Abgrund entlang in eine tiefe Schlucht führte. Das Auto saß tatsächlich fest.

»Drehen Sie besser um! Sie werden auf diesem Weg nie vorankommen, er wird immer schlechter«, rief ein Dorfbewohner, der sich ein rotweißes Tuch um den Kopf gewickelt hatte, das ihn vor dem Staub schützte.

»Aber wir müssen nach Khardji!«, entgegnete der Fahrer.

»Pah, mit so einem Auto, soll das ein Witz sein?«

»Und was nun?«

»Das Beste ist, auf Esel umzusteigen!«

»Auf Esel! Aber wir haben Frauen dabei. Das wird nicht gehen.«

»Hören Sie, ich kann Ihnen die Dienste eines unserer Männer anbieten. Er ist es gewohnt, Leute hin- und herzutransportieren. Und sein Wagen hat die passenden Reifen. Er wechselt sie mindestens alle zwei Monate, so schlecht ist die Straße!«

Also wurde beschlossen, ein anderes Auto zu nehmen. Während sich die Großen damit abmühten, die Bündel in das andere Fahrzeug umzuladen, nutzte ich die kleine Ruhepause und vertrat mir die Beine. Ich atmete tief ein und pumpte meine Lungen, so weit es ging, mit der klaren Bergluft auf. Ich war so verschwitzt, dass mein braunes Kleid, das ich immer noch unter meinem schwarzen Schleier trug, an mir klebte. Ich hob die Falten etwas an und näherte mich dem Abgrund. Wadi La'a! Tief unten, weit, sehr weit entfernt erkannte ich Wadi La'a, das Tal meines Heimatdorfes. Es hatte sich nicht verändert! Doch ich war noch sehr klein gewesen, als wir es verließen. Stiegen da meine Kindheitserinnerungen wieder in mir auf, gespeist von einigen kürzlich mit meinen Eltern unternommenen Reisen in diese Gegend? Oder die Erinnerungen aus den lose in ein Album geworfenen, vergilbten Fotos, die *Aba* von Zeit zu Zeit mit Tränen in den Augen betrachtete? Das Bild meines Großvaters kam mir in den Sinn. Ich hatte ihn ja so lieb, meinen *Jad*. Als er im vorigen

Jahr gestorben war, hatte ich viel geweint. Er hatte immer einen weißen Turban um seinen Kopf gewickelt. Sein feiner, graumelierter Bart hob sich stark von seinen dunkelbraunen Augenbrauen ab. Zuweilen nahm er mich auf seine Knie und vergnügte sich damit, mich kopfüber nach hinten fallen zu lassen, um mich im letzten Moment aufzufangen. In seinen Armen fühlte ich mich unglaublich wohl. Ich hatte mich an den Gedanken gewöhnt, dass mein *Jad*, auch wenn die Welt um uns herum untergehen würde, immer an meiner Seite sein würde, um mich zu retten. Doch er musste zu früh gehen.

»Nojoud! Nojoud!«

Ich drehte mich um und fragte mich, wer mich da wohl rief. Es war eine wenig vertraute Stimme. Eine ungewöhnliche Klangfarbe, die sich für meine Ohren fremd anhörte. Nicht wie die von *Jad*, die ich jederzeit auch mit geschlossenen Augen erkannt hätte.

Als ich den Kopf hob, begriff ich, dass er es war, mein unbekannter Mann, der mich das erste Mal seit unserer Abfahrt aus Sanaa ansprach. Ohne mich richtig anzusehen, verkündete er mir, dass es Zeit war, weiterzufahren. Ich nickte und ging auf unsere neue »Karosse« zu: ein rotweißer, völlig verrosteter Toyota Pick-up. Man ließ mich vorne mit meiner verschleierten Schwägerin einsteigen, zur Rechten des neuen Fahrers. Die Männer stiegen hinten auf die offene Ladefläche mit anderen Fahrgästen, die dieses Verkehrsmittel mitbenutzten.

»Gut festhalten, gleich wird's schaukeln!«, warnte der Fahrer.

Bevor er losfuhr, stellte er seinen Radiorekorder auf höchste Lautstärke. Eine folkloristische Melodie schmetterte aus den Boxen, die genauso verrostet waren wie der Pick-up. Der wabernde *oud* und die Stimme des bei uns sehr bekannten Sängers Hussein Moheb verschmolzen bald mit den Stößen, die die riesigen, widerspenstigen Steine unter unserem Pick-up auslösten. Wir schaukelten nicht, wir hüpften in alle Richtungen! Mehrmals prallten Steine an unserer Windschutzscheibe ab. Ich hielt mich verkrampft an einem Griff fest und betete zu Allah, dass alles schön ganz bleibe, bis wir im Dorf ankämen.

»Hör der Musik zu! Dann vergeht dir die Angst!«, meinte der Fahrer.

Wenn der wüsste, was für eine Angst mich wirklich erfüllte …

Wir fuhren stundenlang im Rhythmus von Hussein Mohebs Liebesklagen. Ich hätte zählen sollen, wie oft der Fahrer die Kassette wieder zurückspulte. Er war wie trunken von dieser Musik, und sie half ihm sicher, der Kraft der Natur standzuhalten. Wie ein Reiter an sein Pferd war er an sein Lenkrad geklammert und trotzte der kleinsten Kurve, indem er den Blick starr auf den gewundenen Weg heftete. Als kenne er alle Gefahren auswendig.

»Die Natur, die Allah schuf, ist unerbittlich, aber zum Glück hat er Menschen geschaffen, die noch widerstandsfähiger sind!«, sagte er.

Na ja, dachte ich, wenn er recht hatte, dann musste Allah mich vergessen haben.

Je tiefer wir in das Tal hineinfuhren, desto dicker wurde der Angstkloß in meinem Hals. Ich war müde. Mir war schlecht, ich hatte Hunger und Durst. Aber vor allem hatte ich Angst. In meinem Kopf hatte ich alle möglichen Spielideen erschöpft, um mein Unglück zu vergessen. Je näher wir Wadi La'a kamen, desto ungewisser wurde mein Schicksal. Und mein letzter Hoffungsschimmer, noch zu entkommen, war vollkommen erloschen.

Khardji hatte sich nicht verändert. Das Ende der Welt. Kaum angekommen, wie gerädert von den vielen Stößen, erkannte ich sofort die fünf Steinhäuser, den kleinen Bach, der durch das Dorf fließt, die Bienen, die Nektar von den Blüten sammeln, die Bäume, so weit das Auge reicht. Und die Kinder der Umgebung, die an der Quelle mit ihren kleinen gelben Kanistern Wasser holen. Auf der Türschwelle eines der Häuser erwartete uns eine Dame. Von Anfang an spürte ich, wie sie mich musterte. Sie gab mir keinen Kuss. Nicht einmal ein Küsschen, nicht mal ein Streicheln. Sie war seine Mutter. Meine neue

Schwiegermutter. Sie war alt und hässlich. Ihre Haut war runzlig wie die einer alten Eidechse. Ihr fehlten die beiden Vorderzähne. Alle anderen waren von Fäulnis verdorben und von Tabak geschwärzt. Ein schwarzgraues Tuch bedeckte ihr Haar. Mit einer Handbewegung winkte sie mich herein. Innen war das Haus einfach und kaum möbliert. Es besaß vier Schlafzimmer, ein Wohnzimmer und eine winzige Küche. Aufs Klo ging man im Freien, hinter die Büsche.

Ohne mich zu zieren, verschlang ich den Reis und das Fleisch, das seine Schwestern zubereitet hatten. Ich starb beinahe vor Hunger. Ich hatte seit unserer Abfahrt aus Sanaa nichts gegessen. Nach der Mahlzeit versammelten sich die Großen zu einer *kath*-Sitzung. Schon wieder! Gäste aus der Nachbarschaft schlossen sich der Runde an. In einer Ecke zusammengekauert, schaute ich ihnen stumm zu. Zu meiner großen Überraschung schien sich niemand über mein niedriges Alter zu wundern. Später erfuhr ich, dass eine Heirat mit kleinen Mädchen in der Provinz gang und gäbe war. Für sie stellte ich also keine besondere Ausnahme dar. »Wenn du ein neunjähriges Mädchen heiratest, ist dir eine glückliche Ehe sicher«, besagt sogar ein altes Stammessprichwort.

Zwischen den Großen wurde die Unterhaltung immer lebhafter.

»Das Leben in Sanaa ist sehr teuer geworden«, klagte meine Schwägerin.

»Ab morgen zeige ich der Kleinen, was sie hier für Aufgaben hat«, fügte meine Schwiegermutter hinzu, ohne mich direkt beim Namen zu nennen. »Übrigens hoffe ich, dass sie Geld mitgebracht hat.«

»Die Kinderspiele sind vorbei. Wir zeigen ihr, was eine richtige Frau ist!«

Als mir nach Aufbruch der Gäste bei Sonnenuntergang mein Zimmer zugewiesen wurde, erinnere ich mich, wie erleichtert ich war. Endlich konnte ich diese braune Tunika abstreifen, die ich seit dem Vortag trug und die inzwischen ganz schön stank. Sobald sich die Tür hinter mir schloss, stieß ich einen lauten Seufzer aus und zog mir sofort ein kurzes rotes Baumwollhemd an, das ich aus Sanaa mitgebracht hatte. Es roch nach meinem alten Zuhause, einem muffigen Geruch mit leichtem *Oud*-Duft. Ein vertrauter Geruch, der beruhigend wirkte. Auf dem Boden lag eine lange Matte. Mein Bett. Daneben eine alte Öllampe als Beleuchtung, deren Flammenschein an der Wand flackerte. Ich kam nicht einmal dazu, sie zu löschen, so schnell schlief ich ein. Endlich!

Ich wäre am liebsten nie wieder aufgewacht. Als plötzlich polternd die Tür aufging, schreckte ich auf und wunderte mich über den starken Wind in dieser Nacht. Kaum hatte ich die Augen geöffnet, spürte ich, wie sich ein verschwitzter, haariger Körper an mich drückte. Jemand hatte die Lampe ausgeblasen, und nun war es stockdunkel. Ich zitterte. Das war er, das Monster! Ich erkannte ihn sofort an dem aufdringlichen Zigaretten- und *kath*-Geruch. Er stank! Er roch bestialisch!

Ohne ein Wort zu sagen, begann er, sich an mir zu reiben.

»Ich flehe Sie an, lassen Sie mich in Ruhe!«, keuchte ich bibbernd.

»Du bist meine Frau! Von heute an entscheide ich. Wir müssen in einem Bett schlafen.«

Mit einem Satz war ich aufgestanden und wollte fliehen. Aber wohin? Ganz egal! Ich musste dieser Falle entrinnen. Er stand ebenfalls auf. Im Dunkeln bemerkte ich einen Lichtspalt an der angelehnten Tür. Wohl der Glanz der Sterne und des Mondes. Ohne eine Sekunde zu zögern, entwischte ich in den Hof. Doch das Monster rannte mir hinterher.

»Hilfe! Hilfe!«, brüllte ich schluchzend.

Meine Stimme hallte durch die Nacht. Doch es war, als würde ich ins Leere rufen. Ich rannte atemlos hin und her. Ich stürzte ins erste Zimmer, flitzte jedoch sogleich wieder hinaus, als er eintrat. Ich rannte weiter, ohne mich umzudrehen. Ich stolperte über etwas, vielleicht eine Glasscherbe, richtete mich wieder auf und wollte weiterrennen. Zwei Arme bremsten meinen Lauf, umklammerten mich mit ganzer Kraft und schleppten mich zurück ins Schlafzimmer, wo sie mich auf die Matte niederdrückten. Ich lag wie festgenagelt auf dem Boden, ich war wie gelähmt.

»Amma! Amma!«, flehte ich, in der vagen Hoffnung auf einen Anflug weiblicher Solidarität.

Keine Antwort. Ich rief erneut:

»Hilfe! Hilfe!«

Er zog seine weiße Tunika aus. Ich rollte mich schutzsuchend zusammen. Doch er begann, an meinem Nachthemd zu zerren, und verlangte, dass ich mich auszog. Dann ließ das Monster seine rauhen Hände über meinen Körper gleiten und presste seine Lippen auf meine. Er stank widerlich. Eine Mischung aus Tabak und Zwiebeln.

»Gehen Sie! Oder ich sage es meinem Vater!«, stöhnte ich und versuchte, mich erneut loszureißen.

»Du kannst deinem Vater erzählen, was du willst. Er hat einen Heiratsvertrag unterschrieben. Er hat mir seine Einwilligung gegeben, dass ich dich heirate.«

»Das dürfen Sie nicht!«

»Nojoud, du bist meine Frau!«

»Hilfe! Hilfe!«

Dann fing er an, höhnisch zu lachen:

»Hör doch: Du bist meine Frau. Und jetzt musst du tun, was ich will! Kapiert?«

Ich fühlte mich plötzlich wie von einem Orkan erfasst, von einem Wirbel in den nächsten gerissen. Der Blitz brach über mich herein, und mir fehlte die Kraft, mich zu wehren. Ein Donnergrollen. Noch eines und noch eines. Der Himmel fiel mir auf den Kopf. Dann erfüllte ein Brennen das Innerste meines Körpers. Ein Brennen, das ich nie zuvor empfunden hatte. Sosehr ich auch schrie, niemand kam mir zu Hilfe. Es tat weh, sehr weh, und ich war ganz allein mit dem Schmerz.

»Aua!«, stieß ich in einem letzten Seufzer aus.

Ich glaube, in diesem Augenblick wurde ich halb ohnmächtig.

5. SHADA

9. APRIL 2008

DAS HANDY ANS Ohr gedrückt, geht Shada in der Halle des Gerichts auf und ab.

»Wir müssen alles unternehmen, um Nojoud aus den Klauen ihres Mannes zu befreien! Wir müssen die Presse, die Frauenverbände einschalten ...«, höre ich sie rufen. Dann legt sie auf und kniet sich vor mich, um mit mir auf Augenhöhe zu sein.

»Hab keine Angst, Nojoud, ich helfe dir, dich scheiden zu lassen!«

Noch nie hat mir jemand so viel Beachtung geschenkt.

Shada Nasser ist Rechtsanwältin. Es heißt, sie sei eine sehr wichtige Anwältin, eine der bedeutendsten im Jemen, die sich für die Rechte der Frauen einsetzt! Mit aufgerissenen Augen sehe ich sie bewundernd an. Schön ist sie, Shada. Und so sanft. Ihre Stimme ist etwas schrill, und sie redet schnell, wahrscheinlich, weil sie ständig in Eile ist. Ihr Parfum duftet nach Jasminblüten. Schon beim ersten Anblick mochte ich sie sehr. Im Gegensatz zu den Frauen meiner Familie trägt sie nie einen Schleier. Es ist selten im Jemen, dass eine Frau keinen *niqab* trägt. Shada hat einen langen schwarzen Seidenmantel an. Und für den Kopf begnügt sie sich mit einem farbigen Tuch. Ihr Teint strahlt, und das Rot ihrer Lippen verleiht ihr das Aussehen einer eleganten Dame, wie in einem Film. Übrigens wirkt sie mit ihrer Sonnenbrille tatsächlich wie ein Filmstar. Welch ein Gegensatz zu all den verschleierten Frauen, denen man auf der Straße begegnet!

»Mit mir an deiner Seite hast du nichts zu befürchten«, fügt sie hinzu und streicht mir beruhigend über das Gesicht.

Heute Morgen war sie gleich, als sie mich erkannte, auf mich zugekommen. Im Gericht hatte man ihr nach dem Wochenende von mir erzählt. Meine Geschichte wühlte sie auf. Sie sagte sofort alle weiteren Termine ab. Und der Richter musste ihr versprechen, sie zu benachrichtigen, sobald ich zurückkommen würde. Sie wollte mich um jeden Preis treffen.

»Entschuldigung, bist du das Mädchen, das seine Scheidung einreichen will?«, fragte sie mich zunächst, als sie auf dem Hof, der zum Gericht führt, auf mich zugekommen war.

»Ja, genau«, antwortete ich.

»Mein Gott! Komm, das müssen wir unbedingt besprechen.«

Es ist einiges passiert in den letzten Tagen. Mir dreht sich noch alles im Kopf. Das ganze Wochenende über – im Jemen sind das der Donnerstag und der Freitag – behandelten mich Richter Abdel Wahed und seine Frau mit einer Freundlichkeit, die ich nicht erwartet hätte. Sie verwöhnten mich mit Spielsachen, leckeren Gerichten, einer heißen Dusche und sogar einem Gutenachtkuss vor dem Einschlafen. Wie ihre eigenen Kinder! Im Haus durfte ich sogar den Schleier, den verheiratete Frauen tragen, abnehmen. Vor meiner Schwiegermutter musste ich ihn immer zurechtziehen, sobald er etwas verrutschte. Was für ein Glück, keine Stockhiebe fürchten zu müssen, nicht vor Angst zu zittern, wenn man schlafen geht, nicht aufzuschrecken, wenn nur eine Tür knallt! Doch trotz all dieser Zuwendung waren meine Nächte noch sehr unruhig. Jedes Mal, wenn ich einschlafe, habe ich den Eindruck, dass mir der Wirbelsturm auflauert und die Tür, wenn ich die Augen zu lange schließe, wieder aufgehen kann. Und dass das Monster zurückkommt … Wie grässlich! Richter Abdel Wahed sagt aber, das sei normal, und es würde noch lange dauern, bis ich all dieses Leid vergessen habe.

Als er mich am Samstagmorgen zum Gericht zurückbringt, fällt mir die Rückkehr in die Realität schwer. Um neun Uhr sitzen wir schon in seinem Büro, zusammen mit den beiden anderen Richtern, Abdo und Mohammad al-Ghazi, die mir freundlich zulächeln, als sie mich kommen sehen. Hm, aber leider quält Mohammad al-Ghazi ein neues Problem.

»Nach jemenitischem Recht ist es schwierig, wenn du gegen deinen Vater und deinen Mann eine Klage einreichen willst«, sagt er zu mir.

»Und warum?«

»Das ist ein bisschen kompliziert für ein Mädchen in deinem Alter. Es ist schwer zu erklären.«

Dann zählt er mir mehrere Hindernisse auf. Wie die meisten Kinder, die auf dem Dorf geboren werden, habe ich keine Papiere und nicht einmal eine Geburtsurkunde. Zudem bin ich zu jung, um ein Gerichtsverfahren zu eröffnen. Alles Gründe, die einem gelehrten Mann wie Mohammad al-Ghazi sehr konkret erscheinen, die mir aber kaum einleuchten. Ich muss mich jedoch damit zufriedengeben, die positive Seite der Dinge zu sehen. Wenigstens, so sage ich mir, bin ich fürsorglichen Richtern begegnet, die bereit sind, mir zu helfen. Schließlich sind sie nicht dazu gezwungen, sich um mich zu kümmern. Wie viele andere auch hätten sie mein Ansuchen ignorieren und mir raten können, nach Hause zu gehen und meine Pflichten als Ehefrau zu erfüllen. Denn es war ja tatsächlich ein Vertrag unterschrieben und einstimmig von allen Männern meiner Familie gebilligt worden. Nach jemenitischer Tradition ist er also gültig.

»Wie die Dinge stehen«, fährt Mohammad al-Ghazi an seine Kollegen gerichtet fort, »müssen wir schnell handeln. Ich schlage also vor, dass wir Nojouds Vater und ihren Mann in Untersuchungshaft nehmen. Sie sind besser im Gefängnis aufgehoben als in Freiheit, wenn wir Nojoud schützen wollen.«

Gefängnis? Was für eine harte Strafe! Würde mir mein *Aba* das verzeihen? Plötzlich überfallen mich Scham- und Schuldgefühle. Und wie beschämend für mich, als sie mich bitten, den Soldaten, der sie verhaften soll, zu begleiten, damit er auch die richtige Adresse findet! Meine Familie hat mich das ganze Wochenende nicht gesehen und nimmt sicher an, dass ich wie mein Bruder Fares für immer geflohen bin. Ich möchte mir nicht einmal das Gesicht meiner Mutter vorstellen, wenn meine kleinen Brüder und Schwestern das Brot für ihr Frühstück verlangen! Zudem erinnere ich mich, dass mein Vater kurz vor meiner Flucht krank wurde und sogar anfing, Blut zu spucken. Würde er eine Inhaftierung überleben? Ich würde mir mein ganzes Leben lang Vorwürfe machen, wenn er sterben würde.

Aber ich habe keine andere Wahl. Wenn die Netten leiden, müssen die Bösen bestraft werden, hatte mir Abdo erklärt. Schließlich steige ich also in das Auto des Soldaten. Doch als wir vor der Haustür ankommen, ist sie von innen zweimal verriegelt. Ich fühle mich seltsam erleichtert. Und als der Soldat einige Stunden später wieder unser Haus aufsucht, muss ich ihn nicht mehr begleiten.

Noch am selben Abend wird beschlossen, mich an einen sicheren Ort zu bringen. Im Jemen gibt es keine Heime für Mädchen wie mich. Ich kann ja nicht bei Abdel Wahed Wurzeln schlagen, der schon genügend Entgegenkommen gezeigt hat.

»Wer ist dein Lieblingsonkel?«, fragt mich einer der Richter.

Mein Lieblingsonkel? Wenn ich es mir recht überlege, fällt mir nur Shoyi ein, der Bruder von *Omma*, ein ehemaliger Soldat der jemenitischen Armee, groß und stämmig, inzwischen im Ruhestand, und er genießt eine gewisse Autorität in meiner Familie. Er wohnt in Beit Boss, einem Viertel weit von uns entfernt, mit seinen zwei Frauen und seinen sieben Kindern. Er hat sich zwar nicht gegen meine Heirat ausgesprochen, aber er verkörpert so etwas wie Ordnung und schlägt wenigstens nicht seine Töchter. Shoyi ist nicht sehr gesprächig, was mir gelegen kommt. Er vermeidet es, mir zu viele Fragen zu stellen, und lässt mich mit meinen Cousins spielen. Abends, vor dem Einschlafen, danke ich Allah, dass mir Shoyi meine Dreistigkeit nicht vorwarf und sich nicht einmal nach dem Anlass meiner Flucht erkundigte. Eigentlich, so sage ich mir, ist ihm diese Geschichte sicher genauso unangenehm wie mir.

Die folgenden vier Tage erscheinen mir lang und eintönig. Ich verbringe die meiste Zeit am Gericht und hoffe auf ein Wunder, eine unerwartete Lösung. Doch die weiteren Aussichten sind leider nicht besonders klar. Die Richter haben mir versprochen, ihr Möglichstes zu unternehmen, um meine Scheidung zu erreichen, doch sie brauchen Zeit. Schon lustig, seit ich nun täglich in diesen Hof komme, der schwarz vor Menschen ist, habe ich mich inzwischen an diese Menge gewöhnt, die mich anfangs so eingeschüchtert hatte. Ich erkenne schon von weitem am Fuße der Treppe die kleinen Tee- und Saftverkäufer. Der Junge mit der Waage hat die ganze Zeit damit zu tun, die Besucher zu wiegen, die es nicht so eilig haben. Neuerdings lächle ich ihm manchmal ermutigend zu, wenn ich ihm begegne. Jedoch wird mir bei jedem Besuch am Gericht schwer ums Herz. Wie oft werde ich noch den Weg hierher machen müssen, bis wieder ein ganz normales Mädchen aus mir wird? Abdo warnte mich, mein Fall sei außergewöhnlich. Doch was tun die Richter mit einem außergewöhnlichen Fall? Keine Ahnung. Die Antwort meine ich endlich mit Shada gefunden zu haben, der schönen Rechtsanwältin mit der Sonnenbrille.

Als sie mich heute Morgen ansprach, fiel mir ihre Ergriffenheit auf, als sie mich ansah und dann rief: »Mein Gott!« Sie warf einen Blick auf ihre Uhr und schmiss ihren sichtlich vollgepackten Terminplan um. Sogleich rief sie der Reihe nach ihre Angehörigen, Freunde und Kollegen an. »Ich muss mich um einen wichtigen, um einen sehr wichtigen Fall kümmern«, hörte ich sie mehrmals sagen.

Diese Frau scheint über eine unerschöpfliche Geduld zu verfügen! Abdel Wahed hat recht. Sie ist eine beeindruckende Rechtsanwältin. Sie muss viel Macht haben. Ihr Handy klingelt unaufhörlich. Und all diese Menschen, die ihr über den Weg laufen, grüßen sie immer sehr höflich.

»Nojoud, du bist für mich wie eine Tochter! Ich lasse dich nicht im Stich!«, flüstert sie mir ins Ohr.

So langsam fange ich an, ihr zu glauben. Diese Frau hat keinen Grund, zu lügen. Ich fühle mich wohl mit Shada. An ihrer Seite habe ich das Gefühl, in Sicherheit zu sein. Sie findet immer die richtigen Worte. Ihre melodische Stimme tröstet mich.

Sie hat es geschafft, dass ich wieder zuversichtlicher ins Leben blicke. Und wenn die Welt um mich herum untergehen sollte, weiß ich, dass sie mir beistehen wird. Bei ihr spüre ich zum ersten Mal diese mütterliche Zuneigung, die mir meine Mutter nicht geben wollte oder vielleicht nicht geben konnte, weil zu viele Sorgen auf ihr lasteten.

Eine Frage jedoch bohrt weiter in mir.

»Shada?«, wage ich sie schließlich anzusprechen.

»Ja, Nojoud?«

»Darf ich Sie etwas fragen?«

»Natürlich!«

»Können Sie mir versprechen, dass ich nie wieder zu meinem Mann zurückmuss?«

»*Inch'Allah*, Nojoud. Ich werde alles unternehmen, um zu verhindern, dass er dir noch einmal etwas zuleide tut. Alles wird gut. Alles wird gut. Aber …«

»Aber was?«

»Du musst stark sein, denn es kann noch dauern.«

»Wie lange?«

»Denk jetzt nicht daran. Sag dir, dass das Schlimmste überstanden ist. Nämlich, dass du die Kraft für die Flucht aufgebracht hast, das war eine Heldentat von dir!«

Als ich seufze, huscht Shada ein Lächeln über die Lippen, und sie tätschelt mir zärtlich den Kopf.

»Darf ich dir auch eine Frage stellen?«, fährt sie fort.

»Ja.«

»Wo hast du den Mut hergenommen, bis zum Gericht zu fliehen?«

»Den Mut zu fliehen? Ich konnte seine Boshaftigkeit nicht mehr ertragen. Ich konnte einfach nicht mehr …«

6. Die Flucht

In Khardji war das Leben unmöglich geworden. Hin- und hergerissen zwischen meinem Schmerz und meinem schlechten Gewissen, litt ich im Stillen. Mit wem hätte ich über diese ekligen Dinge, die das Monster mir Tag um Tag, Nacht um Nacht zumutete, schon reden können? Vom ersten Abend an war mir klar, dass nichts mehr sein würde wie zuvor. *»Mabrouk! Mabrouk!« – Herzlichen Glückwunsch!*

Den Blick auf meinen kleinen nackten Körper geheftet, trommelt mir meine Schwiegermutter aufs Gesicht, um mich zu wecken. Ich sehe sie vor mir, als wäre es gestern gewesen. Das frühe Morgenlicht fällt ins Zimmer. In der Ferne kräht ein Hahn. Über ihre Schulter hinweg erkenne ich meine Schwägerin, die uns auf der Fahrt begleitet hat. Ich bin noch schweißgebadet. Ich reiße die Augen auf und bemerke die Unordnung im Schlafzimmer. Die Öllampe ist bis zur Tür gerollt. Mein braunes Kleid liegt auf dem Boden wie ein alter Putzlappen. Er ist da, auf der Matte, und schläft wie ein Bär. Was für ein *walesh* – was für ein *Monster!* Und auf dem vollkommen zerknitterten Leinentuch der kleine frische Blutfleck.

»Mabrouk!«, jubelt die Schwägerin.

Mit hämischem Lächeln beschaut sie sich die rote Spur. Ich bin stumm. Wie gelähmt. Meine Schwiegermutter beugt sich zu mir nieder und nimmt mich in die Arme wie ein Paket. Warum ist sie nicht früher gekommen, als ich ihre Hilfe brauchte? Jetzt ist es zu spät. Aber vielleicht ist sie ja seine Mitwisserin und billigt, was das Monster mir angetan hat? Sie rammt mir die Hände in die Rippen, stößt mit dem Fuß die Tür auf, zieht mich ins Badezimmer, einen engen Raum, in dem ein Waschzuber und ein Eimer stehen, und beginnt, mich mit Wasser zu bespritzen. Brr, ist das kalt!

»Mabrouk!«, rufen die beiden Frauen im Chor.

Ihre Worte dröhnen in meinen erschöpften Ohren. Ich fühle mich klein, winzig klein. Ich habe die Kontrolle über meinen Körper und meine Bewegungen verloren. Außen ist mir kalt, innen aber glühe ich. Mir ist, als sei ich besudelt. Ich habe Durst. Ich koche vor Wut, aber ich kann sie nicht ausdrücken. *Omma*, du bist zu weit weg, um dich um Hilfe zu rufen. *Aba*, warum hast du mich verheiratet? Warum? Warum mich? Und warum hat mich niemand gewarnt, was mir da zustoßen würde? Womit habe ich das verdient?

Ich will zurück nach Hause!

Als das Monster an jenem Morgen schließlich aufwachte, drehte ich den Kopf zur Seite, um seinem Blick nicht begegnen zu müssen. Er gab einen lauten Seufzer von sich, frühstückte und verschwand für den ganzen Tag. In einer Ecke zusammengekauert, bat ich Allah den Allmächtigen, er möge kommen und mich retten. Mir tat alles weh. Die Vorstellung, mein Leben an der Seite dieses Monsters verbringen zu müssen, ergriff mich mit Entsetzen. Eine Falle, ich war in eine Falle geraten, und es gab kein Entkommen. Wie konnte es sein, dass mein Leben so plötzlich zu einem Alptraum wurde?

Ich musste mich schnell den neuen Regeln anpassen. Ich durfte nicht aus dem Haus, durfte kein Wasser an der Quelle holen, durfte mich nicht beklagen, durfte nicht »nein« sagen. Und an Schule war nicht einmal zu denken. Wie gern hätte ich mich auf eine Schulbank gesetzt, der Lehrerin zugehört, wie sie uns neue Geschichten beibringt, und dann meinen Namen mit weißer Kreide an die schwarze Tafel geschrieben.

Khardji, mein Heimatdorf, war mir fremd geworden. Zu Hause musste ich tagsüber von nun an die Anweisungen meiner Schwiegermutter befolgen: Gemüse schneiden, die Hühner füttern, den Tee für vorbeikommende Gäste zubereiten, den Boden aufwischen, das Geschirr spülen. Sosehr ich mich auch abmühte, die vor schwarzem Fett strotzenden Töpfe zu schrubben, es war mir unmöglich, ihre ursprüngliche Farbe wieder freizulegen. Die Geschirrtücher waren gräulich und stanken. Immer schwirrten Fliegen um mich. Wenn ich eine Pause machte, zog mir meine Schwiegermutter mit fettigen Händen an den Haaren. Schließlich wurde ich genauso klebrig wie die Küche, und unter den Fingernägeln war ich ganz schwarz.

Eines Morgens bat ich sie um Erlaubnis, mit den Kindern meines Alters spielen zu dürfen.

»Du bist hier nicht im Urlaub«, entgegnete sie.

»Bitte! Nur ein paar Minuten.«

»Kommt nicht in Frage! Eine verheiratete Frau kann sich nicht erlauben, mit jedem Dahergelaufenen Umgang zu haben. Es hätte gerade noch gefehlt, dass du uns in Verruf bringst. Wir sind hier nicht in der Hauptstadt! In Khardji weiß jeder, sieht jeder, hört jeder sofort alles. Ich kann dir nur empfehlen, vorsichtig zu sein. Vergiss auf keinen Fall, was ich dir gesagt habe, klar? Sonst werde ich es direkt deinem Mann melden.«

Das Monster brach morgens auf und kam erst kurz vor Sonnenuntergang zurück. Dann ließ er sich seine Mahlzeit auf dem *sofrah* servieren, aber er half nie beim Abräumen. Wenn ich hörte, dass er kam, spürte ich die immergleiche Furcht in meinem Herzen.

Wenn es dunkel wurde, wusste ich, dass es wieder losgehen würde. Wieder und wieder. Dieselben Schikanen. Derselbe Schmerz. Dieselbe Verzweiflung. Die zuknallende Tür, die Öllampe, die über den Boden rollt, die zerknitterten Leinentücher. *Ya beint! – Hey, Mädchen!* – rief er mir brutal zu, bevor er sich auf mich stürzte. Er nannte mich nie beim Vornamen.

Ab dem dritten Tag begann er, mich zu schlagen. Er konnte es nicht ertragen, dass ich es wagte, mich gegen ihn aufzulehnen. Als ich versuchte, ihn davon abzuhalten, sich neben mich auf die Matte zu legen, wenn das Licht erloschen war, fing er an, auf mich einzuprügeln. Zuerst mit den Händen. Dann mit einem Stock. Der Donner, der Blitz, wieder und wieder. Seine Mutter ermunterte ihn noch.

»Schlag fester zu! Sie soll auf dich hören! Sie ist deine Frau!«, hämmerte sie ihm mit ihrer rauhen Stimme ein, als er sich über mich beklagte.

»Ya beint!«, schrie er noch lauter und rannte mir hinterher.

»Das dürfen Sie nicht!«, stöhnte ich.

»Du gehst mir auf die Nerven mit deinem Gejammer. Ich habe dich nicht geheiratet, um mir dein andauerndes Geheule anzuhören!«, brüllte er dann und bleckte seine riesigen gelblichen Zähne.

Es tat mir weh, dass er in diesem Ton mit mir sprach. Er machte mich vor allen lächerlich. Er war verächtlich. Ich lebte in der ständigen Angst vor neuen Stockhieben und Ohrfeigen. Es kam sogar vor, dass er mir Fausthiebe gab. Täglich tauchten neue blaue Flecken auf meinem Rücken, neue Blutergüsse an meinen Armen auf. Und dieses kneifende Brennen im Bauch. Mein ganzer Körper fühlte sich dreckig an. Wenn die Nachbarinnen zu meiner Schwiegermutter zu Besuch kamen, hörte ich, wie sie miteinander tuschelten und zuweilen auf mich deuteten. Was erzählten sie sich wohl?

Sobald ich konnte, verkroch ich mich verloren und hilflos in eine Ecke. Ich klapperte mit den Zähnen und dachte an die Nacht, die mir bevorstand. Ich war allein, ganz allein. Ich konnte mich niemandem anvertrauen, mit niemandem reden. Ich hasste dieses Monster! Ich hasste sie zutiefst! Sie widerten mich alle an! Mussten alle verheirateten Mädchen dieselben Qualen durchmachen? Oder war ich die Einzige, die diese Folter über sich ergehen lassen musste? Ich empfand nichts für diesen Fremden. Empfanden meine Eltern etwas füreinander? Erst durch ihn begriff ich den wahren Sinn des Wortes »Grausamkeit«.

So vergingen Tage und Nächte. Zehn, zwanzig, dreißig? Ich weiß nicht mehr genau. Abends brauchte ich immer länger zum Einschlafen. Nachts, immer wenn er kam und seine ekligen Dinge mit mir machte, konnte ich danach keinen Schlaf mehr finden. Tagsüber dämmerte ich vor mich hin. Verloren. Zerschlagen. Nichts zu machen, ich verlor allmählich das Zeitgefühl. Ich vermisste Sanaa. Die Schule vermisste ich auch. Und meine Brüder und Schwestern: Abdos ewige Akrobatenkunststücke, Morads dumme Späße, Monas Scherze, wenn sie einen guten Tag hatte, die Abzählverse der kleinen Rawdha. Ich dachte immer öfter an Haïfa und hoffte, dass man sie nicht auch noch verheiraten würde. Im Laufe der Zeit begann ich sogar, ihre Gesichtszüge zu vergessen. Mir fiel es schwer, mich an die Farbe ihrer Haut, die Form ihrer Nase, die Einkerbung ihrer Grübchen zu erinnern. Ich musste unbedingt bald wieder zurück, um sie zu sehen!

Jeden Morgen schluchzte ich und flehte, man möge mich zu meinen Eltern zurückschicken. Ich hatte keine Möglichkeit, sie anzurufen. In Khardji gab es keinen elektrischen Strom. Telefon schon gar nicht. Hier sah man kein Flugzeug am Himmel vorbeiziehen, gab es keine Busse, keine Autos. Ich hätte ihnen einen Brief schicken können, doch abgesehen von meinem Vornamen und einigen ganz einfachen Wörtern konnte ich nicht viel schreiben.

Ich musste also nach Sanaa zurückfahren. Um jeden Preis. Ich wollte nach Sanaa zurück!

Sollte ich fortlaufen? Ich hatte schon öfter daran gedacht. Aber wohin? Im Dorf kannte ich niemanden. Da war es schwierig für mich, bei jemandem Zuflucht zu suchen oder einen Durchreisenden anzuflehen, mich auf seinem Esel mitzunehmen und zu retten. Khardji, mein Heimatdorf, hatte sich in ein Gefängnis verwandelt.

Eines Morgens hatte er es satt, mein Weinen anzuhören, und teilte mir mit, er würde mir einen Besuch bei meinen Eltern erlauben. Endlich! Er würde mich begleiten und bei seinem Bruder auf mich warten. Aber danach, und darauf bestand er ausdrücklich, würden wir hierher zurückkehren. Ich packte hastig meine Sachen zusammen, damit er es sich nicht noch einmal anders überlegte.

Die Rückfahrt erschien mir schneller als der Hinweg. Doch jedes Mal, wenn ich einnickte, stellten sich dieselben alptraumhaften Bilder ein: der Blutfleck auf dem Leinentuch, das Gesicht meiner Schwiegermutter, die sich über mich beugt, der Eimer Wasser. Plötzlich fuhr ich aus dem Schlaf hoch. Nein! Ich würde nie wieder zurückgehen. Ich würde nie wieder zurückgehen. Niemals! Khardji, das Ende der Welt. Ich wollte dieses Dorf nie wieder betreten!

»Es kommt nicht in Frage, dass du deinen Mann verlässt!«

Die Reaktion meines Vaters nach meiner Ankunft in Sanaa war unerwartet. Und eindeutig. Sie bereitete der Wiedersehensfreude ein rasches Ende. Meine Mutter sagte zunächst kein Wort. Schließlich fiel ihr nichts anderes ein, als mit zum Himmel erhobenen Händen zu murmeln:

»So ist das Leben, Nojoud. Alle Frauen müssen da durch. Wir haben alle das Gleiche erlebt.«

Aber warum hatte sie mir nie etwas gesagt? Warum hatte sie mich nicht gewarnt? Jetzt, da die Heirat besiegelt war, saß ich in der Falle, es war mir unmöglich, alles rückgängig zu machen. Ich konnte meinen Eltern noch so viel erzählen über die nächtlichen Schmerzen, die Prügel, das Brennen und all die persönlichen und grauenvollen Dinge, von denen zu reden ich mich schämte: Sie erklärten mir, dass es meine Pflicht sei, mit diesem Monster zu leben.

»Ich liebe ihn nicht! Er tut mir weh. Er zwingt mich, unangenehme Dinge zu tun, die mir nicht gefallen. Er ist nicht nett zu mir!«, erwiderte ich beharrlich.

»Nojoud, du bist jetzt eine verheiratete Frau. Du musst bei deinem Mann bleiben«, herrschte mein Vater mich an.

»Nein, ich will nicht! Ich will zurück nach Hause!«

»Unmöglich!«, ging er dazwischen.

»Nein! Bitte. Bitte!«

»Es ist eine Frage des *sharaf*, hörst du?«

»Aber …«

»Du hast zu tun, was ich dir sage!«

»*Aba*, ich …«

»Wenn du dich von deinem Mann scheiden lässt, werden mich meine Brüder und Cousins umbringen! Die Ehre geht über alles. Die Ehre! Hast du verstanden?«

Nein, ich hatte nicht verstanden, und ich konnte es nicht verstehen. Nicht nur hatte das Monster mir weh getan, sondern nun verteidigte meine Familie, meine eigene Familie ihn auch noch. Und zwar nur wegen der … der … Weswegen noch mal? Wegen der Ehre. Was sollte das eigentlich heißen, dieses Wort, das sie andauernd gebrauchten? Ich war ratlos.

Haïfa, die Augen weit aufgerissen, verstand noch weniger als ich, was da gerade mit mir geschah. Als sie sah, dass ich in Tränen ausbrach, schob sie ihre Hand in meine. Das war ihre Art, mir zu sagen, dass sie auf meiner Seite war. Plötzlich durchfuhr mich wieder die grässliche Vorstellung: Was, wenn sie vorhatten, auch sie zu verheiraten? Haïfa, meine kleine Schwester, meine süße kleine Schwester. Hoffentlich würde sie das Glück haben, von diesem Alptraum verschont zu bleiben …

Mona setzte mehrmals dazu an, für mich einzutreten. Doch ihre Schüchternheit siegte. Wer hätte sie auch schon angehört? Hier sind es immer die

Nojoud mit dem *Jemen-Times*-Journalisten Hamed Thabet (in der Mitte)

Nojoud mit ihrer Anwältin Shada Mohammed Nasser im Gerichtssaal

Nojoud mit ihrer Anwältin Shada Mohammed Nasser nach dem Sieg

Nojoud und ihre Familie

Nojoud und zwei ihrer Geschwister

Nojoud

Noujoud im Park mit ihrer kleinen Schwester Haïfa

Nojoud in der Schule

Nojoud mit Delphine Minoui

Zeichnungen von Nojoud

الموضوع :
Al Sabah

Großen und unter ihnen die Männer, die das letzte Wort haben. Arme Mona. Mir wurde klar, dass ich, um aus alldem herauszukommen, nur auf mich selbst zählen konnte.

Die Zeit drängte. Ich musste unbedingt eine Lösung finden, bevor das Monster mich wieder abholen kam. Mir war es gelungen, ihm die Erlaubnis abzuringen, noch etwas länger bei meinen Eltern zu bleiben. Doch ich drehte mich im Kreis, und es zeichnete sich kein wirklicher Ausweg aus meiner Notlage ab. »Nojoud muss bei ihrem Mann bleiben«, wiederholte mein Vater immer wieder. Sobald *Aba* einmal nicht in der Nähe war, sprach ich meine Mutter wieder darauf an. Sie begann zu weinen. Sie sagte mir, sie vermisse mich, aber sie könne nichts tun, um mich aus meiner Not zu befreien.

Meine Befürchtungen erwiesen sich als berechtigt. Schon am nächsten Tag kam das Monster bei uns vorbei und erinnerte mich an meine ehelichen Pflichten. Ich versuchte, mich zu wehren. Vergeblich. Da ich nicht lockerließ, wurde schließlich ein scheinbarer Kompromiss gefunden. Er akzeptierte, dass ich noch ein paar Wochen in Sanaa blieb, jedoch, da er mir nicht vertraute, nur unter der Bedingung, mit ihm mitzukommen und vorübergehend bei seinem Onkel zu wohnen. Doch über einen Monat lang wurde die Hölle nur noch schlimmer.

»Wann hörst du endlich auf, ständig zu flennen?

Das geht mir auf die Nerven!«, schimpfte er eines Tages mit rasendem Blick und drohender Faust.

»Wenn du mich nach Hause zu meinen Eltern lässt!«, antwortete ich hilflos und vergrub das Gesicht in meinen Händen.

Ob meiner Hartnäckigkeit gewährte er mir erneut eine Atempause.

»Aber das ist das letzte Mal«, warnte er mich.

Als ich wieder bei meinen Eltern war, wurde mir klar, dass mir nicht viel Zeit blieb, um etwas zu unternehmen, falls ich diesen Mann loswerden und dem Alptraum entgehen wollte, nach Khardji zurückkehren zu müssen. Fünf Tage vergingen. Fünf schwierige Tage, an denen ich ständig das Gefühl hatte, gegen eine Wand zu reden. Weder mein Vater noch meine Brüder oder Onkel waren bereit, mich anzuhören.

Ich wollte nichts unversucht lassen, in der Hoffnung, auf ein offenes Ohr zu stoßen, und so landete ich schließlich bei Dowla, der zweiten Frau meines Vaters. Sie wohnte mit ihren fünf Kindern in einer winzigen Wohnung im ersten Stock eines verwahrlosten Mietshauses in einer Sackgasse, direkt gegenüber von unserer Straße. Von der Angst getrieben, wieder nach Khardji zurückgeschickt zu werden, stieg ich die Treppe hoch und kniff mir die Nase zu, um nicht den Modergeruch einatmen zu müssen, der sich mit dem Gestank vom Müll und vom Kot der Gemeinschaftstoiletten vermischte. In ihrem langen, rotschwarzen Kleid öffnete mir Dowla mit einem breiten Lächeln die Tür.

»*Ya* Nojoud! So eine Überraschung, dich hier zu sehen. Herzlich willkommen!«, sagte sie und winkte mich herein.

Ich mochte Dowla. Sie hatte dunkle Haut und lange Haare, die sie zu Zöpfen flocht. Sie war groß, schlank und schöner als *Omma*. Dowla schimpfte nie mit mir. Sie war die Geduld in Person, obwohl die Arme vom Leben nicht gerade verwöhnt worden war. Sie war spät, erst mit zwanzig, verheiratet worden. Mein Vater hatte sie vollkommen vernachlässigt, und so hatte sie gelernt, nur auf sich selbst zu zählen.

Ihr Ältester, Yahya, acht Jahre, war von Geburt an behindert, konnte nicht laufen und benötigte besonders viel Aufmerksamkeit. Bisweilen erlitt sie Nervenkrisen, die mehrere Stunden andauerten. Obwohl sie so arm war, dass sie betteln gehen musste, um ihre 8000 *Rial* Miete zu bezahlen und für ihre Kinder Brot zu kaufen, besaß Dowla einen unheimlichen Großmut.

Sie bot mir einen Platz auf dem großen Bett aus Stroh an, das den halben Raum ausfüllte, direkt neben dem kleinen Kocher, auf dem sie Wasser heiß machte. Meistens ersetzte Tee die Milch im Fläschchen ihrer Kleinen. Die mit Haken an der Wand angebrachten Plastiktüten, die ihr als Vorratsschrank dienten, waren spärlich gefüllt.

»Nojoud«, sagte sie, »du machst mir aber eine besorgte Miene.«

Ich wusste, dass sie zu den wenigen Familienmitgliedern gehörte, die sich gegen meine Heirat ausgesprochen hatten, doch hatte ihr niemand Gehör geschenkt. Sie, mit der das Leben es nie gut gemeint hatte, empfand von jeher eine Zuneigung zu denen, die noch bedürftiger waren als sie. An ihrer Seite fühlte ich mich ganz unbefangen. Ich wusste, dass ich ihr alles erzählen konnte.

»Ich habe dir eine Menge zu erzählen«, erwiderte ich und schüttete ihr mein Herz aus.

Sie runzelte die Stirn und hörte sich meine Geschichte an. Sie schien zutiefst verärgert. Nachdenklich wandte sie sich zum Kocher. Dann schüttete sie den brühend heißen Tee in die einzige Tasse in der Wohnung, die Yahya noch nicht zerbrochen hatte. Sie hielt sie mir hin und rückte an mich heran, um mir direkt in die Augen zu schauen.

»Nojoud ...«, flüsterte sie. »Wenn dich niemand anhören will, dann geh doch einfach zum Gericht!«

»Wohin?«

»Zum Gericht!«

Zum Gericht? ... Aber ja, zum Gericht! Blitzartig schossen mir Bilderfetzen durch den Kopf. Bilder von Richtern mit Turban, von Anwälten, die es immer eilig haben, von Männern in weißer Tunika und verschleierten Frauen, die hier ihre komplizierten Familien-, Diebstahls- und Erbschaftsgeschichten vorbrachten. Klar, jetzt erinnerte ich mich wieder an das Gericht. Ich hatte schon mal eines im Fernsehen gesehen. Das war in der Serie, die ich mir mit Haïfa immer bei den Nachbarn anschaute. Die Schauspieler sprachen ein anderes Arabisch als im Jemen. Ihrem Akzent nach, so erinnerte ich mich vage, musste es eine Serie aus Kuwait sein. Der große Saal, in dem die Kläger der Reihe nach antraten, hatte weiße Wände, und gegenüber vom Richterstuhl standen mehrere Reihen brauner Holzbänke. Dann sah man die Verbrecher in einem Bus mit vergitterten Fenstern vorfahren.

»Das Gericht …«, fuhr Dowla fort. »Soviel ich weiß, ist das der einzige Ort, an dem man dich anhören wird. Sag, dass du zu einem Richter willst. Schließlich vertritt er die Regierung! Er hat viel Macht. Er ist wie ein Pate für uns alle. Es ist seine Aufgabe, Opfern zu helfen.«

Dowla hatte mich überzeugt. Von diesem Moment an wurde alles viel klarer in meinem Kopf. Wenn mir meine Eltern nicht helfen wollten, so beschloss ich, würde ich es eben alleine durchziehen. Ich hätte jeden Berg erklommen, nur um nicht wieder auf dieser Matte liegen zu müssen, ganz allein neben diesem Monster. Ich drückte Dowla ganz fest und dankte ihr.

»Nojoud?«

»Ja?«

»Hier, nimm! Du wirst es gebrauchen können.«

Sie drückte mir 200 *Rial* in die Hand. Das waren ihre gesamten spärlichen Einkünfte, die sie sich am Morgen an ihrer Kreuzung erbettelt hatte.

»Danke, Dowla. Danke!«

Am nächsten Morgen wachte ich besser gelaunt auf als sonst. Übrigens wunderte ich mich selbst über meine neue geistige Verfassung. Wie jeden Morgen wusch ich mir das Gesicht. Ich sprach mein Gebet. Ich zündete den kleinen Ofen an, um Teewasser aufzusetzen. Dann wartete ich, ungeduldig und nervös meine Hände knetend, bis meine Mutter aufstand. »Nojoud«, sagte meine zaghafte innere Stimme zu mir, »streng dich an, möglichst natürlich zu bleiben, damit deine Verwandten keinen Verdacht schöpfen.«

Als *Omma* kurz darauf die Augen aufschlug und den rechten Zipfel ihres schwarzen Kopftuchs aufknotete, in dem sie für gewöhnlich ihre Geldstücke versteckte, begriff ich erleichtert, dass mein Vorhaben vielleicht doch Chancen hatte, sich zu erfüllen. Wenn sie nur wüsste.

»Nojoud«, sagte sie und hielt mir 150 *Rial* hin, »geh Brot kaufen fürs Frühstück.«

»Ja, *Omma*«, antwortete ich folgsam.

Ich nahm das Geld. Ich zog meinen Mantel an und legte mein schwarzes Kopftuch um, das ich als verheiratete Frau zu tragen hatte. Ich schloss sorgfältig die Tür hinter mir. Die Gassen der Umgebung waren noch ziemlich leer. Ich bog in die erste Straße nach rechts ein, die zu unserer Bäckerei führte, wo das frische Brot zart knusprig aus dem althergebrachten Ofen kommt. Ich spitzte die Ohren und vernahm in der Ferne den Singsang des Gasflaschen-Verkäufers. Er klapperte täglich das Viertel auf seinem Fahrrad ab, hinter dem er seinen Karren herzog.

Je näher ich der Bäckerei kam, desto intensiver stieg mir der Duft der ofenwarmen *khobz*-Brotfladen in die Nase. Ich bemerkte schließlich sogar die Umrisse mehrerer Frauen aus dem Viertel, die bereits vor dem *tandour* anstanden. Doch in letzter Minute änderte ich die Richtung und schlug den Weg zur Hauptstraße des Viertels ein. Das Gericht, hatte Dowla zu mir gesagt, geh doch einfach zum Gericht.

Als ich mich auf der breiten Straße befand, packte mich plötzlich die Angst, erkannt zu werden. Was, wenn einer meiner Onkel hier entlangging? Innerlich erschauerte ich. Um mich vor den Blicken der Passanten zu schützen, zog ich mir die Zipfel meines Schleiers fast über das ganze Gesicht, so dass nur noch meine Augen zu sehen waren. Ausnahmsweise war mir der *niqab*, den ich seit Khardji nicht mehr anlegen wollte, auch einmal nützlich. Ich vermied, mich umzudrehen, aus Angst, mir könne jemand folgen. Vor mir wartete eine Busschlange am Gehsteig. Vor dem Laden, der Plastikbälle verkauft, erkannte ich den gelbweißen Minibus mit den sechs Sitzplätzen, der täglich im Viertel hält und die Fahrgäste ins Zentrum bringt, unweit des Tahrir-Platzes. »Los, wenn du dich scheiden lassen willst, dann musst du dich jetzt trauen!«, ermutigte mich meine zaghafte innere Stimme. Ich stellte mich zu den anderen in die Reihe. Alle Kinder in meinem Alter waren in Begleitung ihrer Eltern. Ich war das einzige Mädchen, das alleine wartete. Ich schaute zu Boden, damit mir niemand eine Frage stellte. Ich fühlte mich beobachtet. Ich fürchtete, jemand könnte erraten, was ich vorhatte. Ich hatte das schreckliche Gefühl, dass man es mir von der Stirn ablesen konnte.

Der Fahrer stieg von seinem Sitz, um die Tür zu öffnen, indem er sie seitlich aufschob. Plötzlich gab es eine Drängelei, und mehrere Frauen stießen sich mit dem Ellbogen, um im Bus einen Sitz zu ergattern. Ich ließ mich sofort von der Bewegung mitreißen und dachte nur an das eine: so schnell wie möglich aus meinem Viertel zu verschwinden, bevor meine Eltern die Polizei alarmierten. Ich setzte mich hinten auf die Rückbank, zwischen eine alte und eine jüngere Dame, beide von Kopf bis Fuß verschleiert.

Einquetscht zwischen ihre beleibten Körper, wollte ich so vermeiden, dass man mich von der Straße aus durch das Fenster erkannte. Ich musste so unauffällig wie möglich bleiben. Zum Glück stellte mir keine der beiden irgendwelche Fragen.

Erst in dem Augenblick, als der Motor zu brummen anfing, fühlte ich, wie mein Herz heftig klopfte. Ich dachte plötzlich wieder an meinen Bruder Fares, an den Mut, den er vier Jahre zuvor gehabt hatte, von zu Hause zu flüchten. Er hatte es geschafft, warum sollte es mir nicht auch gelingen? Aber war mir wirklich klar, was ich da unternahm? Was hätte mein Vater gesagt, wenn er seine Tochter allein in einen öffentlichen Bus hätte steigen sehen? War ich gerade dabei, seine Ehre mit den Füßen zu treten, wie er zu sagen pflegte?

Die Tür wurde geschlossen. Zu spät, um es sich anders zu überlegen. Durch das Fenster sah ich die Stadt an mir vorbeiziehen: die Autos, die sich im morgendlichen Stau drängten, die Baustellen, die schwarz verschleierten Frauen, die fliegenden Händler mit den Jasminsträußchen, Kaugummipäckchen und Papiertaschentüchern in den Händen. Sanaa war so groß und voller Menschen! Doch hätte man mich wählen lassen zwischen dem staubigen Gewirr der Hauptstadt und der Abgeschiedenheit Khardjis, da wäre mir Sanaa lieber gewesen. Tausend Mal lieber!

»Endstation!«, rief der Fahrer.

Endlich, wir waren da! Sobald die Tür aufgeschoben wurde, erfüllte der Lärm der Straße den Minibus. Die Fahrgäste stiegen hastig aus. Ich tat es ihnen nach, folgte ihnen und streckte dem Fahrer mit zitternder Hand ein paar Geldstücke für die Fahrt entgegen. Das Problem war, dass ich keine Ahnung hatte, wo sich das Gericht befand. Und ich traute mich nicht, meine Mitreisenden zu fragen. Die aufsteigende Furcht lähmte mich. Ich hatte Angst, mich zu verirren. Ich schaute nach rechts, dann nach links. An der roten Ampel, die nicht mehr funktionierte, mühte sich ein Polizist ab, so etwas wie Ordnung inmitten der dröhnenden Autos zu bewahren, die einander mit Dauerhupen in allen Richtungen überholten. Ich blinzelte, geblendet von den Strahlen der starken Morgensonne, die den blauen Himmel durchdrangen. Unmöglich, unter diesen Bedingungen die Straße zu überqueren. Ich wäre nicht lebend davongekommen. An einen Pfosten gelehnt, versuchte ich, mich wieder zu fassen, als mein Blick schließlich auf ein gelbes Auto fiel. Gerettet!

Es war eines der vielen Taxis, die von früh bis spät und von spät bis früh die Stadt durchquerten. Sobald ein Junge im Jemen groß genug ist und mit dem Fuß ans Gaspedal reicht, kauft ihm sein Vater einen Führerschein, in der Hoffnung, dass er damit eine kleine Anstellung als Fahrer bekommt und so die Familie miternährt. Ein solches Taxi hatte ich schon einmal genommen, als ich mit Mona nach Bab al-Yemen fuhr. Ich sagte mir, dass der Fahrer alle Adressen in Sanaa in- und auswendig kennen müsste.

Ich hob die Hand, um ihn anzuhalten. Ein kleines Mädchen allein in einem Taxi, das gehört sich nicht. Aber in meiner Lage war mir das Gerede der Leute nun wirklich vollkommen egal.

»Ich will zum Gericht!«, sagte ich dem Fahrer nur, der mich erstaunt musterte.

Auf meinem Rücksitz sagte ich während der ganzen Fahrt kein Wort. Der Fahrer mit seiner vor *kath* geschwollenen Wange hätte sich nicht im Traum vorstellen können, wie dankbar ich ihm war, dass er mir keine Fragen stellte. Er war, ohne es zu wissen, mein stiller Komplize auf meiner Flucht. Ich hielt mir den rechten Arm auf den Bauch, versuchte unauffällig, schön gleichmäßig durchzuatmen, und schloss dabei leicht die Augen.

»Da sind wir!«

Mit einer Vollbremsung hielt er vor dem Gitter eines Hofes, der zu einem imposanten Gebäude gehörte. Das Gericht! Ein Verkehrspolizist gab ihm sofort ein Zeichen, er solle weiterfahren, weil er den Verkehr blockierte. Ich stieg eilig aus und gab ihm mein gesamtes Kleingeld. Als ich draußen stand, spürte ich plötzlich einen irrsinnigen Wagemut in mir aufsteigen. Zwar fühlte ich mich benommen und beklommen, aber voller Wagemut. So Allah wollte, würde mein Leben nun eine neue Richtung einschlagen.

7. Die Scheidung

15. April 2008

Der grosse Tag ist gekommen, schneller als erwartet! So viele Menschen! Der Gerichtssaal ist zum Bersten voll. Beeindruckend. All diese Leute, die sich da auf den Zuschauerbänken drängeln, sind die etwa alle wegen mir gekommen? Shada hat mich vorgewarnt. Die Vorbereitungen haben viel Zeit in Anspruch genommen. Doch Shadas Pressearbeit hat Früchte getragen. So sehr, dass sie angesichts dieser Menschenmenge nicht weniger überrascht scheint als ich! Etwa eine Woche ist seit unserer ersten Begegnung verstrichen. Eine Woche Zeit, um mit der Presse, dem Fernsehen, den Frauenorganisationen zu sprechen. Und dies ist das Ergebnis. Ein Wunder! Noch nie in meinem Leben habe ich so viele Fotoapparate und Filmkameras gesehen. Sind es die vielen Menschen im überfüllten Saal, die mir die Luft zum Atmen nehmen, oder habe ich einfach Lampenfieber? Unter meinem schwarzen Kopftuch bin ich schweißgebadet.

»Nojoud, bitte lächeln«, ruft ein Fotograf, der sich unter Einsatz seiner Ellbogen zu mir durchkämpft.

Kaum ist er bei mir angekommen, da richtet sich eine ganze Batterie von Objektiven auf mich. Sogar Videokameras sind dabei! Ich erröte. Das viele Blitzlicht kann einem richtig Angst machen. Und nirgends in der Menge ein bekanntes Gesicht. All diese Leute, die mich anschauen … Ich halte mich an Shada fest. Ihr Duft hilft mir. Der Duft von Jasmin, der mir mittlerweile so vertraut ist. Sie ist wie eine zweite Mutter für mich, Shada!

»*Khaleh* Shada«, frage ich, »*Tante Shada?*«

»Ja, Nojoud?«

»Ich habe Angst.«

»Wir schaffen das schon. Wir schaffen das«, flüstert sie mir zu.

Ich hätte mir nie vorstellen können, dass sich so viele Leute für mich interessieren könnten. Für mich, die ich so viele Monate lang still gelitten hatte. Nun stand ich plötzlich mitten im Rampenlicht, wurde von Journalisten belagert.

Shada hatte mir doch versprochen, es kämen keine, es wären überhaupt keine anderen Leute da.

Was soll ich nun sagen, wenn sie anfangen, mir Fragen zu stellen? Ich habe nicht gelernt, wie man das macht.

»Shada?«

»Ja, Nojoud?«

»Diese vielen Blitzlichter, das ist ja, wie wenn … wie wenn Bush kommt, dieser Amerikaner, den man immer im Fernsehen sieht.«

Shada lächelt.

»Du brauchst dir keine Sorgen zu machen«, sagt sie.

Ich versuche, tapfer zu lächeln. Doch innerlich bin ich wie gelähmt. Ich kann mich kaum bewegen, mir ist, als seien meine Füße an den Boden genagelt. Da steht eine große Frage vor mir, die mir Angst macht. Wie geht das überhaupt, Scheidung, was heißt das eigentlich? Ich habe ganz vergessen, Shada danach zu fragen. In der Schule haben wir nie über solche Sachen geredet. Auch wenn ich mit Malak, meiner besten Freundin, immer über alles gesprochen habe. Aber doch nie über so etwas. Wahrscheinlich haben wir uns gedacht, das ist ein Thema für die Großen, und wir fühlten uns noch zu klein, um uns mit solchen Dingen zu beschäftigen. Und jetzt fällt mir ein, dass ich nicht einmal weiß, ob meine Lehrerinnen verheiratet oder geschieden waren. Es ist mir nie eingefallen, sie danach zu fragen. Daher ist es nicht so einfach für mich, meine

Geschichte mit der von anderen Frauen zu vergleichen.

Da schießt mir ein schrecklicher Gedanke durch den Kopf: Und wenn das Monster einfach »nein« sagt? Was soll ich tun, wenn er sich der Trennung widersetzt, wenn er, seine Brüder und die anderen Männer des Dorfs im Rücken, den Richter mit seinem *jambia* bedroht? Was dann?

»Hab keine Angst, alles wird gutgehen«, sagt Shada und legt mir beruhigend die Hand auf die Schulter.

Ich hebe den Kopf, um sie besser sehen zu können. Wahrscheinlich hat sie nicht viel geschlafen. Sie hat Ringe unter den Augen und sieht müde aus. Alles wegen mir, das ist mir unangenehm. Aber auch wenn sie müde ist, Shada ist immer schön. Und elegant. Wie eine Frau aus der Stadt! Sieh mal an, sie trägt heute ein anderes Kopftuch, es ist rosa, wie ihre Tunika. Eine meiner Lieblingsfarben! Heute trägt sie einen langen grauen Rock und Schuhe mit hohen Absätzen. Ich bin froh, sie an meiner Seite zu haben.

Da bemerke ich, wie mir aus der Menge heraus jemand zuwinkt. Das ist Hamed Thabet, der Reporter der »Yemen Times«! Endlich jemand, den ich kenne. Hamed, mein neuer Freund, er ist wie ein großer Bruder, ein echter, nicht einer wie Mohammad. Eine Bekannte von Shada hat ihn uns vorgestellt. Er ist groß und gebräunt, hat ein rundes Gesicht, ich fand ihn gleich sehr nett. Ich habe keine Ahnung, wie alt er genau ist. Ich habe mich nicht getraut, ihn danach zu fragen. Wir sind uns erst vor wenigen Tagen zum ersten Mal begegnet, im Hof des Gerichtsgebäudes, fast an der gleichen Stelle, wo mir kurz zuvor Shada über den Weg gelaufen ist.

Erst hat er mich gefragt, ob er ein Foto von mir machen darf, und dann sind wir in ein kleines Restaurant ganz in der Nähe des Gerichts gegangen. Mit einem Kugelschreiber und einem Notizblock in der Hand hat er mir viele Fragen gestellt: über meine Eltern, über meine Ehe, über Khardji, über die erste Nacht … Mit Schamröte im Gesicht habe ich ihm meine Geschichte erzählt. Aber als ich sah, wie er schmerzlich das Gesicht verzog, als ich den Blutfleck auf dem Laken erwähnte, da wusste ich, dass er Mitgefühl hatte. Ich konnte sehen, wie er unwillkürlich mit seinem Kugelschreiber auf dem Tisch trommelte. Sosehr er sich bemühte, seine Gefühle zu verbergen, ich bemerkte doch, dass ihm die Geschichte zu Herzen ging. Sie machte ihn zornig, er litt mit mir mit, das war nicht zu übersehen.

»Aber du bist doch noch so klein! Wie konnte er nur?«, murmelte er.

Seltsam, dass ich diesmal nicht zu weinen anfing. Nach einigen Minuten Schweigen fuhr ich fort:

»Ich wollte draußen spielen, wie alle Kinder in meinem Alter. Aber er hat mich geschlagen und mich gezwungen, mit ihm ins Schlafzimmer zu gehen, wo er schmutzige Sachen von mir verlangt hat. Er hat mich immer nur mit Schimpfwörtern angeredet.«

Als wir uns verabschiedeten, war Hameds Notizblock ganz vollgekritzelt. Er hat alles aufgeschrieben, jedes Wort. Es ist ihm dann sogar gelungen, sich Einlass im Gefängnis zu verschaffen und mit seinem Handy Fotos von *Aba* und dem Monster zu machen. Einige Tage später erzählte mir Shada, dass sein Artikel erschienen ist und im Jemen einen ziemlichen Wirbel ausgelöst hat. Hamed ist der erste Journalist, der meine Geschichte erzählt hat. Erst war mir das alles peinlich, das ist wahr. Aber heute weiß ich, dass ich ihm viel verdanke.

Unter Blitzlichtgewitter betrete ich den Gerichtssaal.

Ein Schauer läuft mir über den Rücken. Eskortiert von zwei Soldaten mit schwarzem Barett und olivgrüner Uniform, erkenne ich *Aba* und … *ihn*. Beide sehen wütend aus. Das Monster schlägt die Augen nieder, als es an uns vorbeigeht, dreht sich dann aber plötzlich nach Shada um.

»Sie sind wohl stolz, wie? Ich habe kein richtiges Hochzeitsfest gehabt. Aber dafür haben Sie jetzt gesorgt, für ein richtiges Fest!«, zischt er sie an.

Wie kann er es wagen, so mit ihr zu reden? Kommt es nun so, wie ich befürchtet habe? Doch Shada bleibt erstaunlich ruhig. Sie senkt nicht einmal den Blick. Ihre Stärke beeindruckt mich. Sie braucht nicht wild herumzufuchteln, um ihre Empfindungen zum Ausdruck zu bringen. Ihr Blick zeigt deutlich genug, welche Verachtung sie für ihn empfindet. Nur ein Blick, das ist alles. Ich habe in den letzten Tagen viel von ihr gelernt.

»Hör einfach gar nicht hin«, rät sie mir.

Sosehr ich versuche, nach dem Vorbild von Shada meine Gefühle unter Kontrolle zu halten, es will mir nicht gelingen. Jedenfalls noch nicht. Keine Chance, mein Herz beginnt zu klopfen. Ich hasse ihn so sehr, nach allem, was er mir angetan hat! Ich hebe den Kopf, und mein Blick kreuzt den von *Aba*. Er sieht gequält aus. Ich muss mich zusammenreißen. Aber ich habe Angst, dass er mir sein ganzes Leben lang nicht verzeihen wird. Die Ehre, sagt er. Die Ehre. Wenn ich sein Gesicht sehe, fange ich an zu begreifen, was dieses schwierige Wort sagen will. Ich sehe in seinen Augen Wut und Scham zugleich. Die vielen Kameras, die sich auf ihn richten. Ich bin so zornig auf ihn, und dennoch habe ich Mitleid. Ich kann nicht dagegen an. Vor Männern hat man eben Respekt, so ist das im Jemen.

»Was für ein Gewühle!«, entfährt es einem Saalordner. »So voll war es hier im Gerichtssaal noch nie!«

Schon geht das Blitzlichtgewitter wieder los. Anscheinend ist eine wichtige Persönlichkeit gekommen. Es ist Mohammad al-Ghazi, der Vorsitzende des Gerichts. Ich erkenne seinen weißen, hinter dem Kopf zusammengeknoteten Turban sofort wieder. Er hat einen schmalen Schnurrbart und einen kleinen Kinnbart. Über seiner weißen Tunika trägt er eine graue Weste. In seinem Gürtel prangt der *jambia*.

Ich schaue ihn an, verfolge jede seiner Gesten. Jetzt tritt er hinter den Richtertisch, auf dem die vielen Mikrofone der Fernsehsender und Radiostationen stehen.

Er setzt sich, legt einen Stapel Aktenordner vor sich hin. Er sieht aus wie der Staatspräsident, der gleich eine Rede hält. Richter Abdo setzt sich an seine Seite. Wie gut, dass sie da sind, um mir zu helfen! Ich kann immer noch nicht glauben, dass das alles nun Wirklichkeit ist.

»Im Namen Gottes des Allmächtigen und Barmherzigen erkläre ich die Sitzung hiermit für eröffnet«, sagt al-Ghazi und fordert uns mit einer Geste auf, dem Richtertisch näher zu kommen.

Shada gibt mir ein Zeichen, ihr zu folgen. Auch *Aba* und das Monster treten näher. Ich spüre die unruhige Menge hinter uns. Ein Teil von mir fühlt sich erstaunlich stark. Doch der andere Teil, den ich nicht unter Kontrolle bekomme, würde sich in diesem Augenblick am liebsten in eine kleine Maus verwandeln. Ich stehe mit gekreuzten Armen da und bemühe mich, nicht einfach umzufallen.

Nach einer Weile ergreift schließlich Richter Abdo das Wort:

»Wir haben es hier mit dem Fall eines Mädchens zu tun, das ohne seine Zustimmung verheiratet worden ist. Nach Abschluss des Ehevertrags wurde sie mit Gewalt in den Bezirk Hajjah gebracht. Dort hat sie ihr Mann sexuell missbraucht, denn sie hat noch nicht die Pubertät erreicht und war für diese Art von Beziehung noch gar nicht bereit. Er hat sie nicht nur missbraucht, er hat sie auch geschlagen und beschimpft. Daher ist sie heute hier erschienen und bittet darum, geschieden zu werden.«

Der große Augenblick, den ich so lange erwartet habe, rückt näher. Der Augenblick, in dem die Schuldigen bestraft werden. Wie in der Schule, wenn die Lehrerin uns in die Ecke stellte. Vorausgesetzt, ich gewinne gegen das Monster, vorausgesetzt, er willigt in die Scheidung ein!

Mohammad al-Ghazi klopft einige Mal mit einem kleinen Hammer auf den Tisch.

»Hören Sie mir gut zu«, herrscht er das Monster an, das ich mehr als alles auf der Welt hasse. »Stimmt es, dass Sie vor zwei Monaten dieses Mädchen geheiratet und mit ihr geschlafen, sie auch geschlagen haben? Ist das wahr? Ja oder nein!«

Er fängt an zu blinzeln, ehe er antwortet:

»Nein, das stimmt nicht! Sie und ihr Vater haben in die Heirat eingewilligt.«

Was höre ich da? Wie kann er es wagen? So ein Lügner! Ich hasse ihn!

»Haben Sie mit ihr geschlafen? Haben Sie mit ihr geschlafen?«, wiederholt al-Ghazi.

Eisiges Schweigen senkt sich über den Saal.

»Nein!«

»Haben Sie sie geschlagen?«

»Nein! Ich habe nie Gewalt angewendet.«

Ich klammere mich an den Mantel von Shada. Wie kann er so dreist sein, der Kerl mit seinen gelben Zähnen, seinem schiefen Lächeln und seinen struppigen Haaren? Wie kann er nur einfach so lügen? Das kann ich nicht durchgehen lassen. Ich muss etwas sagen!

»Er lügt!«, entfährt es mir.

Der Richter kritzelt etwas auf sein Blatt. Dann heftet er seinen Blick auf meinen Vater.

»Waren Sie mit dieser Heirat einverstanden?«

»Ja.«

»Wie alt ist Ihre Tochter?«

»Meine Tochter ist dreizehn.«

Dreizehn? Niemand hat je zuvor gesagt, ich sei dreizehn! Seit wann bin ich denn dreizehn? Ich dachte immer, ich sei acht, neun oder höchstens zehn Jahre alt! Ich zupfe an meinen Fingern, um die Fassung zu bewahren. Dann höre ich wieder genau hin.

»Ich habe meine Tochter verheiratet, weil ich Angst hatte«, sagt mein Vater. »Ich hatte Angst ...«

Seine Augen sind gerötet. Angst? Angst vor was?

»Ich habe sie verheiratet, weil ich Angst hatte, dass sie entführt wird, wie ihre beiden großen Schwestern ...«, fährt er fort und hebt die Fäuste zum Himmel. »Schon zwei Töchter sind mir von einem Mann genommen worden! Entführt! Das ist schlimm genug. Er ist jetzt im Gefängnis.«

Ich verstehe nicht richtig, was er da sagt. Seine Antworten sind ausweichend und gewunden. Auch die Fragen des Richters werden immer unverständlicher. Für mich ist es alles andere als einfach, solchen Gesprächen zu folgen. Worte, Worte, nichts als Worte. Erst leise Worte, dann harte und immer härtere, wie Steine, die man an eine Mauer wirft, so dass sie zerspringen.

Unmerklich wird der Wortwechsel immer schneller, der Ton aggressiver. Im Saal wird gemurmelt. Mein Herz klopft immer mehr. Das Monster murmelt Mohammad al-Ghazi etwas zu, das ich nicht verstehe. Der klopft mehrmals energisch mit dem Hammer auf den Tisch.

»Auf Antrag des Ehemanns wird die Sitzung unter Ausschluss der Öffentlichkeit fortgesetzt«, verkündet er.

Er macht uns ein Zeichen, ihm in einen anderen Raum zu folgen. Hier gibt es kein Publikum. Ohne die Menschenmenge fühle ich mich gleich besser. Wo es hier doch um ganz persönliche Dinge geht.

Doch es ist noch nicht vorbei mit den Fragen. Ich muss das aushalten.

»Herr Faez Ali Thamer, haben Sie die Ehe vollzogen?«, fragt der Richter.

Ich halte die Luft an.

»Ja«, antwortet er. »Aber ich war zärtlich mit ihr. Rücksichtsvoll. Ich habe sie nicht geschlagen.«

Seine Antwort springt mir ins Gesicht, lässt all die Schläge, Schimpftiraden, Schmerzen wiederaufleben. »Wie bitte, nicht geschlagen? Und alle diese blauen Flecke, und alle die Tränen, die du vor Schmerzen geweint hast? Deine Stunde ist gekommen, du musst etwas tun!«, sagt mir meine innere Stimme. Ich reiße mich zusammen.

»Das stimmt nicht!«, rufe ich laut aus.

Alle schauen mich an. Ich bin wohl selbst am meisten überrascht von dieser Spontaneität, die sonst so gar nicht meine Art ist.

Von diesem Moment an geht alles sehr schnell. Das Monster läuft vor Zorn rot an. Er sagt, mein Vater habe ihn betrogen und über mein Alter belogen. Nun regt sich auch *Aba* auf. Er sagt, es sei abgemacht gewesen, dass er mich erst anrührt, wenn ich größer bin. Da wird das Monster erst richtig dreist. Er wolle nur unter der Bedingung in die Scheidung einwilligen, dass mein Vater das Brautgeld zurückzahlt! Er habe nie Geld erhalten, gibt mein Vater zurück. Auf einmal geht es zu wie im Basar! Wie viel? Wann?

Wie? Wer sagt die Wahrheit? Wer lügt? Jemand bietet dem Monster 50 000 *Rial* an, wenn die Sache damit geregelt wäre. So viel verdient ein Arbeiter im Jemen in vier Monaten. Mir wächst das alles über den Kopf. Ich will das alles nicht mehr hören! Ich möchte nur meine Ruhe haben, ein für alle Mal! Ich habe genug von diesen Streitereien unter den Großen, unter denen immer wir Kinder zu leiden haben!

Endlich kommen die erlösenden Worte des Richters.

»Die Scheidung ist hiermit vollzogen!«, verkündet er.

Die Scheidung ist vollzogen! Ich wage es kaum, meinen Ohren zu trauen. Ich möchte jubeln, meine Freude laut hinausrufen! So glücklich bin ich, dass ich es gar nicht mitbekomme, als der Richter verfügt, dass mein Vater und das Monster freigelassen werden sollen. Ohne das geringste Bußgeld, sie müssen nicht einmal eine Verpflichtung zur Besserung unterzeichnen!

Im Moment möchte ich nur meine wiedergefundene Freiheit genießen. Als wir den kleinen Raum verlassen, stelle ich fest, dass die Menschenmenge immer noch da ist – lauter als zuvor!

»Ein Satz für die Kameras, nur ein Satz!«, ruft ein Journalist. Alle drängen herbei, alle wollen mich sehen. Sie applaudieren. *»Mabrouk!«*, schallt es mir wie ein Chor in den Ohren.

So jung sei sicherlich noch niemand auf der Welt geschieden worden, höre ich jemanden hinter mir murmeln.

Dann geht ein Regen von Geschenken auf mich nieder. Ein Mann, den meine Geschichte gerührt hat, drückt mir ein Bündel Geldscheine in die Hand. 150 000 *Rial*! Er stellt sich als Vertreter eines saudischen Spenders vor. Noch nie in meinem Leben habe ich so viel Geld in der Hand gehabt.

»Dieses Mädchen ist eine Heldin. Sie hat eine Belohnung verdient!«, ruft er.

Ein anderer Mann erzählt mir von einer Irakerin, die mir Gold schenken will.

Schon geht wieder das Blitzlichtgewitter los. Da erhebt sich in der Menge einer meiner Onkel und ruft zu Shada hinüber:

»Sie haben das Ansehen unserer Familie beschmutzt! Sie haben unsere Ehre befleckt!«

Shada schaut mich an.

»Dummes Zeug, was er da sagt«, flüstert sie mir ins Ohr.

Sie nimmt mich an der Hand und führt mich hinaus. Vor meinem Onkel brauche ich keine Angst mehr zu haben, schließlich habe ich gewonnen! Gewonnen! All das Geschimpfe, es hat ein Ende! Ich bin geschieden! Die Ehe, sie ist vorbei! Wie seltsam, mit einem Mal fühle ich mich ganz leicht, ich habe das Gefühl, wieder ein Kind zu sein …

»*Khaleh* Shada?«

»Ja, Nojoud?«

»Ich möchte neue Spielsachen haben! Ich möchte Schokolade und Kuchen essen!«

Ihre ganze Antwort ist ein Lächeln.

8. Der Geburtstag

So fühlt sich das also an, das Glück. In den wenigen Stunden, seit ich das Gerichtsgebäude verlassen habe, ist etwas Erstaunliches mit mir passiert. Noch nie sind mir das Hupen und der Lärm auf den verstopften Straßen so wundervoll erschienen. Gerade eben bin ich an einem Laden vorbeigekommen und habe Lust auf ein großes Eis bekommen. »Und ich esse auch noch eins, und wenn ich will, sogar noch ein drittes.« Ich habe eine Katze gesehen und wollte gleich zu ihr hinlaufen und sie streicheln. Ich muss dauernd blinzeln, so als würde ich zum ersten Mal die kleinen Freuden des Lebens entdecken. Ich fühle mich glücklich. Es ist der schönste Tag in meinem Leben.

»Wie sehe ich aus, Shada?«

»Schön, wunderschön!«

Zur Feier meines Sieges hat mir Shada ganz neue Kleider geschenkt. In meinem neuen rosa Sweatshirt und meiner mit bunten Schmetterlingen bestickten Jeans komme ich mir wie eine ganz neue Nojoud vor. Ich gefalle mir mit meinen langen, lockigen Haaren, die ich mit einem grünen Band zu einem Knoten gebunden habe. Vor allem deshalb, weil ich zur Feier des Tages mein schwarzes Kopftuch ablegen durfte, weshalb mir auch alle Komplimente über meine Frisur machen.

Wir sind mit Hamed von der »Yemen Times« und einigen anderen Journalisten verabredet. Das dreistöckige Gebäude macht großen Eindruck auf mich. Ein uniformierter Portier bewacht den Eingang. Wie vor den Villen in den schicken Vierteln von Sanaa, die ich so gerne zeichne! Noch ganz benommen, steige ich langsam die Stufen der großen Marmortreppe hinauf und halte mich dabei am Holzgeländer fest. Die Fenster sind so blank geputzt, dass die Sonnenstrahlen sich in kleinen gelben Kreisen an den Wänden abzeichnen. Ein angenehmer Geruch von Bohnerwachs hängt in der Luft.

Nadia, die Chefredakteurin der »Yemen Times«, empfängt mich in der zweiten Etage mit offenen Armen. Eine Frau an der Spitze einer Zeitung? Das hätte ich nicht für möglich gehalten. Und ihr Mann erlaubt ihr das so einfach? Nadia, der meine Verblüffung nicht entgeht, lacht schallend.

»Komm, ich zeige dir etwas«, sagt sie.

Nadia öffnet eine Tür im hinteren Teil ihres großen, hellerleuchteten Büros. Ein Kinderzimmer! Überall liegen kleine Kissen, Spielzeug ist auf dem Boden verstreut.

»Das Zimmer meiner Tochter«, erklärt sie mir. »Manchmal nehme ich sie mit zur Zeitung. So kann ich gleichzeitig *Omma* sein und arbeiten.«

Ein ganzes Zimmer nur für ihre Tochter! Vor mir tut sich eine völlig unbekannte Welt auf. Mir ist, als käme ich von einem anderen Planeten. Ich fühle mich ein wenig eingeschüchtert, aber es ist auch sehr faszinierend.

Doch damit fangen die Überraschungen erst an. Als Nadia mich in den Redaktionssaal führt, stelle ich zu meinem Erstaunen fest, dass hier in der Mehrzahl Journalistinnen arbeiten, Frauen! Manche sind von Kopf bis Fuß in Schwarz gehüllt und lüften ihren *niqab* nur, wenn sie an ihrem Tee nippen. Andere tragen orangefarbene oder rote Kopftücher, unter denen blonde Haarsträhnen hervorschauen, die gut zu ihren blauen Augen und ihrem milchweißen Teint passen. Sie haben lange, lackierte Fingernägel, und ihr Arabisch hat einen merkwürdigen Akzent. Ob es Ausländerinnen sind – Amerikanerinnen oder Deutsche vielleicht, verheiratet mit jemenitischen

Männern? Sicherlich haben sie studiert, um hier arbeiten zu können. Und bestimmt fahren sie auch im eigenen Auto zur Arbeit, so wie Shada.

Ich stelle mir vor, wie sie Kaffee trinken und Zigaretten rauchen, wie im Fernsehen. Vielleicht tragen sie sogar Lippenstift auf, wenn sie in der Stadt essen gehen. Eine von ihnen führt gerade ein intensives Telefongespräch. Ich spitze die Ohren und lasse mich von dieser wohlklingenden Sprache entführen. Englisch, nehme ich an. Eines Tages möchte ich auch Englisch lernen.

Ich werde nicht müde, sie zu betrachten. Besonders beeindruckt bin ich davon, wie sie gleichzeitig tippen und dabei auf die Fernseher schauen, die auf jedem der hellen Holzschreibtische stehen. Arbeiten und dabei »Tom und Jerry« schauen, was für eine artistische Leistung und was für ein Luxus!

»Nojoud, das sind Computer!«, ruft Hamed, der meine Verwunderung bemerkt hat.

»Was für Dinger?«

»Computer! Das sind Geräte mit einer Tastatur, mit denen kann man Artikel schreiben und Briefe verschicken. Auch Fotos kann man darauf anschauen.«

Geräte, mit denen man Briefe verschicken und Fotos anschauen kann! Diese Frauen haben nicht nur Stil, sie sind auch sehr modern. Ich versuche, mir vorzustellen, wie ich hier in zehn oder zwanzig Jahren sitze. Mit lackierten Fingernägeln und einem

Kugelschreiber. Journalistin, das wäre etwas für mich. Oder vielleicht doch lieber Rechtsanwältin? Warum nicht beides? Mit meinem Computer schicke ich dann Briefe an Hamed und Shada. Jedenfalls würde ich hart arbeiten! In einem Beruf, in dem ich Menschen in Not helfen könnte, ein besseres Leben zu führen.

Die Besichtigung endet im großen Konferenzraum. »Hier treffen wir uns bei großen Anlässen«, erklärt mir Nadia.

»Bravo, Nojoud!«, ruft eine Männerstimme.

»Nojoud hat gewonnen, Nojoud hat gewonnen!«, ruft es im Chor.

Kaum bin ich durch die große Tür getreten, finde ich mich von etwa dreißig Personen umringt, die mich mit großen Augen ansehen. Applaus brandet auf, man zwinkert mir zu, lächelt mich an, Handküsse fliegen durch die Luft. Ich zwicke mich in den Arm, um mich zu vergewissern, dass ich nicht träume. Der »große Anlass«, das bin heute ich!

Nun regnet es von allen Seiten Geschenke! Hamed ist der Erste, er überreicht mir einen riesigen roten Teddybären. Er ist so groß, dass er mir fast bis zu den Schultern reicht. Auf seinem runden Bauch trägt er ein großes Herz, auf dem Buchstaben stehen, die ich nicht entziffern kann.

»Da steht ›I love you‹«, erklärt mir Hamed. »Das ist Englisch und heißt ›Ich liebe dich‹.«

Ich weiß gar nicht, wohin mit den vielen Päckchen, die mir von allen Seiten gereicht werden. Eine nach der anderen öffne ich die Schleifen, jedes enthält eine Überraschung: ein kleines elektrisches Klavier, Malstifte, Zeichenblöcke, eine Fulla-Puppe, wie ich sie beim Richter Abdel Wahed gesehen habe.

Ich suche nach Worten, um meine Dankbarkeit auszudrücken, aber ich finde nur ein einziges:

»Shokran!«, rufe ich lächelnd. *»Danke!«*

Nun fordert mich Nadia auf, den Kuchen anzuschneiden. Ein Schokoladenkuchen, mein Lieblingskuchen! Er ist mit fünf roten Kirschen dekoriert. Da kommt mir plötzlich die Erinnerung, wie ich mit Mona in Sanaa über die Hayle Avenue gebummelt bin. Wie oft hatte ich, die Nase an die Schaufenster der Läden gepresst, von einer Hochzeitsfeier mit Geschenken und Abendkleidern geträumt? Aber es ist ganz anders gekommen.

Verglichen mit den Träumen, die man hat, kommt einem die Wirklichkeit manchmal sehr grausam vor. Aber sie kann auch schöne Überraschungen bereithalten.

Heute ist ein richtiges Fest. Wäre es ein Nachtisch, so wäre er nicht nur süß, sondern auch noch mit dicker Glasur und dazu innen herrlich weich. Genau wie meine Lieblingsbonbons mit Kokosnussfüllung.

»Die Scheidungsfeier ist ja viel besser als die

Hochzeitsfeier!«, rufe ich und schließe meinen großen Teddybären in die Arme.

»Welches Lied sollen wir dir denn zur Feier des Tages singen, Nojoud?«, fragt mich Nadia.

»Ich weiß nicht«, murmele ich unentschieden.

Doch Shada hat eine Idee: »Warum singen wir nicht einfach ›Happy Birthday‹?«, schlägt sie vor.

»›Happy Birthday‹? Was ist das denn?«, frage ich, ein wenig verwundert.

»Nun, das singt man an dem Tag, an dem jemand geboren worden ist.«

»Ach so. Nur ...«

»Was denn?«

»Ich weiß ja gar nicht, an welchem Tag ich geboren wurde.«

»Das macht nichts. Dann ist eben ab heute dieser Tag dein Geburtstag!«, ruft sie.

Alle applaudieren.

»Happy Birthday, Nojoud! Happy Birthday!«

Ich lache fröhlich. Es ist so einfach, glücklich zu sein, wenn man unter lauter lieben Menschen ist!

9. Mona

Juni 2008

Seit ich geschieden bin, ist mein Leben wie verwandelt. Ich weine nicht mehr. Ich habe immer seltener Alpträume. Was ich durchlitten habe, hat mich auch stärker gemacht. Wenn ich aus dem Haus gehe, kommt es vor, dass mich die Frauen aus der Nachbarschaft ansprechen und mich beglückwünschen. *»Mabrouk!«*, rufen sie mir zu – ein Wort, an das sich für mich böse Erinnerungen knüpfen, das ich nun aber wieder gern höre. Dabei kenne ich viele der Frauen gar nicht! Auch wenn ich dann erröte, im Innern bin ich sehr stolz!

Ich fühle mich nun viel stärker. Ich höre genau hin, wenn geredet wird. Langsam lüften sich für mich all die Geheimnisse um meine Familie, meine Schwestern, meine Brüder. Die Geheimnisse um Mona vor allem. Das komplizierte Puzzle setzt sich Stück für Stück zusammen …

»Wartet, ich komme mit!«, ruft Mona und läuft zum Auto.

Heute ist Eman gekommen, eine Aktivistin, die sich für die Rechte der Frauen einsetzt. Sie besucht mich zu Hause, begleitet von einer ausländischen Journalistin. Seit kurzem lebe ich nicht mehr bei meinem Onkel, sondern wieder bei meinen Eltern. So ist es besser.

Meine Eltern sind in ein anderes Viertel gezogen, nach Dares, das liegt an der Straße zum Flughafen. Es ist ein kleines Häuschen, nur zwei Zimmerchen. An die Wände gelehnte Polster sind die ganze Einrichtung. Nachts wird man oft vom Lärm der landenden Flugzeuge geweckt.

Aber hier kann ich wenigstens ein Auge auf Haïfa haben, sie beschützen. Falls jemand auftauchen sollte und sie heiraten will, dann würde ich sofort einschreiten. »Nein! Das ist verboten!« würde ich sagen. Und wenn niemand auf mich hören wollte, würde ich die Polizei rufen! Tief in meiner Tasche vergraben hüte ich das Handy, das mir Hamed gegeben hat. Ein ganz neues Handy, so eines, wie Shada hat, damit kann ich sie jederzeit anrufen.

Mein großer Bruder Mohammad ist weniger glücklich. Seit der Gerichtsverhandlung schimpft er häufig über Haïfa und mich. Er nimmt auch öfter meinen Vater beiseite und sagt ihm, dass all der Aufruhr um die Familie unserem Ansehen schade. Er ist einfach eifersüchtig, so viel steht fest. Das sieht man an den Gesichtern, die er schneidet, wenn Journalisten an unsere Tür klopfen. Zu meiner großen Überraschung hat sich meine Geschichte um die ganze Welt verbreitet. Jede Woche kommen andere Journalisten aus Ländern mit so exotischen Namen wie Frankreich, Italien oder sogar Amerika vorbei – nur wegen mir!

»Nojoud bringt Schande über unsere Familie, wenn ihretwegen dauernd Ausländer in unserem Viertel herumschleichen!«, hat Mohammad zu Eman gesagt, kaum dass sie heute Morgen zur Tür hereingekommen ist.

»Sie ist es, die sich wegen euch schämen sollte!«, hat sie ihm erwidert.

»Bravo, Eman«, hat mir meine innere Stimme gesagt. Da wusste Mohammad nicht mehr, was er sagen sollte. Er hat sich einfach in die Ecke des großen Zimmers gesetzt. Und ich habe mich beeilt, mein schwarzes Kopftuch anzuziehen, bevor es ihm einfiel, zu schimpfen, weil ich weggehe, und habe mir Haïfa geschnappt, damit sie nicht mit ihm und seiner schlechten Laune allein bleiben muss. Haïfa, mein Augapfel, sie werde ich nie im Stich lassen. Eman hat uns einen Ausflug in den Vergnügungspark versprochen. Dort war ich noch nie. Ein ganz besonderes Erlebnis also! Und so sitzen wir also im Auto, als Mona gerannt kommt.

»Mohammad hat gesagt, ich soll euch begleiten!«, stößt sie ganz außer Atem hervor.

Mona scheint die Sache etwas peinlich zu sein, aber sie ist sehr bestimmt. Ohne sie dürfen wir nicht fahren, meint sie. Wir sehen ein, dass es besser ist, sich den Anordnungen des großen Bruders zu beugen. Den *niqab* über dem Gesicht, steigt Mona vorne ein, neben dem Fahrer. Ich glaube, genau zu wissen, was los ist. Mohammad hat sich geärgert und uns aus Rache meine Schwester hinterhergeschickt, damit sie uns nachspioniert. Doch bald wird mir klar, dass Mona ganz anderes im Sinn hat, etwas, worauf ich nie gekommen wäre …

Kaum sind wir losgefahren, äußert sie einen Wunsch. Bevor wir in den Vergnügungspark fahren, möchte sie noch einen Abstecher in unser früheres Viertel machen, nach Al-Qa. Was für ein merkwürdiger Einfall! Ob ihr Mohammad einen besonderen Auftrag erteilt hat? Eman, die sich ebenfalls wundert, willigt schließlich ein. Wir fahren also im Zickzack durch die Gassen, bis wir an einer Moschee vorbeikommen.

»Anhalten!«, ruft Mona dem Fahrer zu.

Ich habe sie noch nie so aufgeregt gesehen. Der Fahrer tritt auf die Bremse. Auf den Eingangsstufen der Moschee streckt eine Frau unter einem schwarzen Schleier eine Hand nach Münzen aus. Mit der anderen hält sie ein kleines schlafendes Mädchen in einem schmutzigen Kleidchen und mit struppigem Haar.

»Aber das ist ja Monira!«, entfährt es mir.

Monira, meine kleine Nichte, die Tochter von Mona! Was um alles in der Welt macht sie denn hier, in den Armen einer von Kopf bis Fuß schwarz verhüllten Bettlerin, die ihr Gesicht hinter einem Schleier verbirgt?

»Als mein Mann ins Gefängnis gekommen ist, hat meine Schwiegermutter Monira von mir verlangt«, murmelt Mona, als wir sie verwundert anschauen.

»Mit einem kleinen Kind ist es einfacher, die Passanten zu rühren, sagt sie«, erklärt Mona.

Mir steht der Mund offen. Monira, dieses zarte Püppchen, dazu verdammt, in den Armen einer alten Frau in Lumpen zu betteln? Der Mann von Mona im Gefängnis? Was denn noch alles? Es stimmt also, was *Aba* bei Gericht gesagt hat ... Doch Mona ist nun zu sehr damit beschäftigt, zärtlich ihre Kleine zu begrüßen, die sie der verschleierten Gestalt aus den Armen genommen hat, um uns weitere Erklärungen zu geben.

»Sie fehlt mir so. Ich bringe sie wieder, versprochen ... versprochen«, höre ich sie zu der Frau in Schwarz sagen, bevor sie sich, die Dreijährige auf dem Arm, wieder zu uns ins Auto setzt.

Ein unangenehmer Geruch verbreitet sich im Wagen. Monira starrt so vor Dreck, dass man kaum erraten kann, welche Farbe ihre schmutzigen Schuhe einst hatten.

Die Wagentür fällt zu, weiter geht die Fahrt. Die Kleine freut sich so sehr, uns alle wiederzusehen, dass wir unsere Verwunderung, sie unter solchen Umständen angetroffen zu haben, beinahe vergessen.

Der Fahrer hält nun auf den Südwesten der Stadt zu. Unterwegs kommen wir an einer anderen, noch im Bau befindlichen Moschee vorbei. Sie wirkt so groß und prächtig, dass man an einen Palast denkt. Ich presse das Gesicht an die Scheibe und bewundere die sechs riesigen Minarette. Eman erklärt mir, die lasse unser Präsident bauen, für 60 Millionen Dollar. 60 Millionen Dollar! Das muss eine riesige Summe sein, denke ich – wo ich doch gerade bis 100 zählen kann. Ist das Leben nicht merkwürdig? Auf der einen Seite Moscheen, die wie Paläste aussehen, und auf der anderen Bettler, die nichts zu essen haben. Ich muss Shada einmal bitten, mir das zu erklären.

Doch im Augenblick beschäftigt mich vor allem die Geschichte von Mona. Im Vergnügungspark angekommen, schüttet sie uns ihr Herz aus.

»Es ist eine lange Geschichte«, seufzt sie und lässt Monira los, die sich, gefolgt von Haïfa, hinter einem Busch versteckt.

Eman und die Journalistin haben ihr gegenüber

Platz genommen, zu dritt sitzen sie im Schneidersitz im Schatten eines Baumes. Ich höre zu.

»Mohammad, mein Mann, ist einige Wochen vor der Heirat von Nojoud ins Gefängnis gekommen. Man hat ihn im Schlafzimmer meiner großen Schwester Jamila gefunden. Ich hatte die beiden schon eine ganze Weile im Verdacht. Um der Sache auf den Grund zu gehen, habe ich jemanden geschickt, und die beiden sind überrascht worden. Es ist rasch zu einer Prügelei ausgeartet. Die Polizei ist gekommen und hat Mohammad und Jamila mitgenommen. Nun sind beide im Gefängnis. Ich weiß nicht, wie lange noch ...«

Mona senkt den Blick. Ich schaue sie nur groß an und weiß gar nicht, was ich dazu sagen soll. Ich kann gar nicht richtig erfassen, was sie da erzählt. Aber es klingt nach einer schrecklichen Geschichte.

»Im Jemen kann Ehebruch mit dem Tod bestraft werden«, murmelt Eman schließlich.

»Ja, ich weiß«, antwortet Mona. »Deshalb setzt mich Mohammad auch unter Druck, ein Papier zu unterschreiben, auf dem ich behaupte, wir seien schon vor seiner Verhaftung geschieden gewesen, damit die Sache vertuscht werden kann. Ich besuche ihn zwar nicht im Gefängnis, aber das hat er mir ausrichten lassen. Ich denke nicht daran! So kommt er nicht davon, diesmal nicht! Ich habe mir genug von ihm gefallen lassen.«

Ich habe Mona noch nie so viel reden hören. Sie gestikuliert wild, ihre Augen funkeln im Sehschlitz ihres *niqab*. Es bricht mir das Herz, wenn ich ihre zitternde Stimme höre. Und trotzdem müssen wir auf einmal alle schallend lachen. Hinter dem Busch hat Monira ihr Unterhöschen heruntergelassen und wässert mit einem kleinen Strahl das von der Sonne ausgedörrte Gras.

»Monira!«, ruft Mona und findet für einen Augenblick in ihre Rolle als zärtliche Mutter zurück.

Doch gleich fällt wieder ein Schatten über ihre Augen.

»Monira, meine Kleine ... Nun muss ich meine beiden Kinder ganz alleine erziehen, sofern mich meine Schwiegermutter überhaupt an sie heranlässt. Mohammad hat als Vater nie getaugt. Als Ehemann sowieso nicht ...«

Nach kurzer Pause fährt sie fort: »Ich war ungefähr so alt wie Nojoud, als man mich zwang, ihn zu heiraten. Unsere Familie hat glücklich in Khardji gelebt, bis zu jenem ›schwarzen Tag‹, der alles kaputt gemacht hat.«

Ich kneife die Augen zusammen und rücke vorsichtig näher, um sie besser verstehen zu können. Eigentlich habe ich schon genug gehört für mein Alter. Doch ich will unbedingt erfahren, wie diese Geschichte ausgegangen ist. Es geht hier immerhin um meine Schwester, und so seltsam es klingt, ich fühle mich für sie verantwortlich.

»*Omma* war nach Sanaa gefahren, um sich dort behandeln zu lassen. Sie war sehr krank, und die Ärzte hier haben ihr gesagt, sie solle zu einem Spezialisten in der Hauptstadt gehen. *Aba* ist wie immer früh aus dem Haus gegangen, um das Vieh zu versorgen. Ich bin mit meinen kleinen Brüdern und Nojoud, die damals noch ein Baby war, zu Hause geblieben. Ein junger Mann, den ich nicht kannte, ist um das Haus herumgeschlichen. So um die dreißig war er. Er hat Annäherungsversuche gemacht. Es hat mir nichts geholfen, ihn abzuweisen, er hat mich einfach ins Schlafzimmer gestoßen. Ich habe mich gewehrt. Ich habe geschrien. Ich habe ›nein!‹ gesagt. Aber …«

Sie schweigt einen Moment.

»Als *Aba* zurückgekommen ist, war es schon zu spät. Alles ist so schnell gegangen …«

Ich traue meinen Ohren nicht! Arme Mona. Sie also auch! Daher ist sie immer so streng, daher dieser traurige Blick, das nervöse Lachen. Das ist also der Grund.

»*Aba* war außer sich. Er hat alle zusammengetrommelt, um herauszufinden, was da passiert ist. Er hat den Dorfbewohnern sogar ein Komplott vorgeworfen. Aber davon wollte niemand etwas hören. Als man den Scheich des Dorfes über die Affäre informierte, ist ihm nichts Besseres eingefallen, als uns auf der Stelle zu verheiraten, bevor sich das Gerede von Haus zu Haus, von Tal zu Tal verbreitet. Zur Rettung der Ehre! Am besten alles so schnell wie möglich vertuschen, hat er gesagt.

Mich hat keiner gefragt. Man hat mir ein blaues Kleid gegeben, und ich bin seine Ehefrau geworden. Dann ist *Omma* ins Dorf zurückgekommen. Sie hat die Hände zum Himmel gehoben und sich Vorwürfe gemacht, weil sie nicht da war. *Aba* hat sich geschämt. Er wollte Rache nehmen. Er hat gesagt, die Nachbarn seien schuld, jemand habe etwas gegen ihn und habe sich deshalb an seiner Familie vergangen. Er fühlte sich erniedrigt, verraten. Eines Abends sind sie alle zusammengekommen und haben geredet. Es wurde immer lauter, schließlich kam es zu Beschimpfungen, einige haben ihren *jambia* gezogen. Ein wenig später – noch am gleichen Abend oder am Tag danach, ich weiß es nicht mehr so genau, sind die Nachbarn wiedergekommen, diesmal mit Revolvern.Sie haben uns bedroht und verlangt, dass wir so schnell wie möglich verschwinden. Also sind meine Eltern nach Sanaa geflohen. Ich habe mich mit meinem Mann einige Wochen irgendwo anders versteckt und bin dann der Familie in die Hauptstadt gefolgt.«

Ich zittere am ganzen Leib. Der überstürzte Aufbruch nach Sanaa, der Zorn meines Vaters, die Traurigkeit von Mona und ihre rührende Aufmerksamkeit für mich – das war also der Grund.

»Als uns mein Vater einige Jahre später sagte, dass nun auch Nojoud heiraten solle, bin ich richtig krank geworden. Ich habe ihn unablässig angefleht, sich das zu überlegen, habe ihm gesagt, Nojoud sei noch viel zu jung. Aber er wollte nichts hören. Wenn sie einmal verheiratet wäre, hat er gesagt, dann wäre sie sicher vor Entführern und Männern, die im Viertel herumschleichen. Er hätte schließlich mit mir und Jamila schon genug Sorgen. Während die Männer der Familie sich versammelten, um den Ehevertrag aufzusetzen, war sogar die Rede davon, im Rahmen eines *sighar* die Schwester meines Ehemanns Fares zur Frau zu geben, wenn er eines Tages aus Saudi-Arabien zurückkäme.

Am Abend der Hochzeit musste ich weinen, als ich Nojoud so ganz verloren in dem viel zu großen Kleid sah. Sie war doch noch so jung! Ach, habe ich viele Tränen vergossen! In der Hoffnung, sie irgendwie schützen zu können, habe ich sogar mit ihrem Mann gesprochen. Ich habe ihn bei Allah schwören lassen, sie nicht anzurühren, zu warten, bis sie reif genug ist, und sie mit Kindern ihres Alters spielen zu lassen. Seine Antwort lautete: ›Versprochen!‹ Aber er hat sein Wort nicht gehalten. Das ist ein Verbrecher! Wie alle Männer. Man darf ihnen nicht glauben. Niemals … Niemals!«

Ich kann den Blick nicht von Monas *niqab* lösen. Wie gern würde ich ihr in diesem Augenblick genau ins Gesicht sehen können, das hinter dem schwarzen Stoff verborgen ist, wie gern würde ich die Tränen sehen, die nun sicher über ihre Wangen strömen.

Ich schäme mich dafür, dass ich gedacht habe, sie habe mit uns in den Park kommen wollen, um uns nachzuspionieren. Wenn ich das geahnt hätte! All das hat sie über so viele Jahre ertragen, ohne zu protestieren, ohne die Stimme zu erheben, ohne zu klagen, ohne nach Hilfe zu suchen. Mona, meine große Schwester, Opfer eines noch viel tragischeren Schicksals als ich selbst, gefangen in einem Labyrinth von Problemen. Man hat ihr ihre Kindheit gestohlen. So wie mir. Und mir wird in diesem Augenblick auch klar, dass ich im Unterschied zu Mona das Glück und die Kraft hatte, gegen mein Schicksal rebellieren zu können.

»Mona! Nojoud! Guckt her! Guckt her!«

Wir heben die Köpfe. Haïfa sitzt auf einer Schaukel, die kleine Monira zwischen den Knien, und lacht strahlend. Mona steht auf. Ich folge ihr. Die Schaukel daneben ist noch frei.

»Nojoud, schubs mich bitte an«, sagt sie. Mona setzt sich auf die Schaukel. Ich steige hinter ihr auf den Sitz, stehend, stemme die Füße fest gegen das Brett, greife mit beiden Händen fest in die Seile und schwinge meinen Körper. Vorwärts. Rückwärts. Vorwärts. Rückwärts. Schneller und immer schneller.

Die Schaukel fliegt zum Himmel.

»Höher, Nojoud, noch höher!«, ruft Mona begeistert.

Ich spüre den Wind im Gesicht. Wie angenehm frisch! Mona lacht. Ihr Herz ist frei, ihr Körper ist leicht. Noch nie habe ich sie so fröhlich lachen hören. Und wir haben auch noch nie zusammen geschaukelt! Ich fühle mich wie eine Feder im Wind.

Wie schön das ist, dieses Gefühl von Unschuld wiedergefunden zu haben …

»*Omma* fliegt! *Omma* fliegt!«, lacht Monira an meiner Seite.

Mona stößt Freudenschreie aus. Sie kann gar nicht genug bekommen.

Es dauert nicht lange, und mein Kopftuch fliegt davon. Zum ersten Mal habe ich nicht das Bedürfnis, es gleich wieder anzulegen. Mein Haar fällt mir auf die Schultern und fliegt im Wind. Ich fühle mich frei. So frei!

10. Fares kommt nach Hause

August 2008

Ich habe eine »Bizza« gegessen. Das war vor einigen Tagen, in einem sehr modernen Restaurant, in dem die Kellner kleine Mützen auf dem Kopf tragen und die Bestellungen in ein Mikrofon rufen.

Komisch hat das geschmeckt! Knusprig, wie ein großer Fladen *khobz* mit vielen guten Sachen darauf: Tomaten, Mais, Hühnchen und Oliven. Am Tisch nebenan saßen Frauen mit Kopftuch, die jenen aus der »Yemen Times« glichen. Sie sahen sehr elegant aus und haben das Essen mit Messer und Gabel zum Mund geführt.

Ich habe versucht, es ihnen nachzumachen und meine »Bizza« mit meinem Besteck zu zerkleinern. Das war erst gar nicht so leicht. Es ist mir alles vom

Teller geflutscht. Haïfa hat eine junge Frau beobachtet, die sich ganz viel Tomatenzeugs aus einer Flasche über ihr Essen gegossen hat. Das wollte sie auch ausprobieren. Aber schon beim ersten Bissen hat es ihr im Hals gebrannt, und ihre Augen sind ganz rot geworden. Zum Glück hat sich einer der Kellner von seinem Mikrofon losgerissen und ihr eine große Flasche Wasser gebracht.

Das ist für uns seitdem ein Spiel geworden. Wenn wir *Omma* beim Kochen helfen, stellen wir uns vor, dass wir Gäste in einer »Bizzeria« sind, die sich ihr Lieblingsessen aussuchen. So wie heute: »Was darf ich Ihnen bringen?«, fragt mich Haïfa, wenn sie den *sofrah* im großen Zimmer ausbreitet.

»Hm, heute eine ›Bizza‹ mit Käse«, antworte ich.

Dabei habe ich nur »mit Käse« gesagt, weil ich bei den Vorräten sonst gar nichts mehr anderes gefunden habe. Macht nichts, das wird es schon tun.

»Das Essen ist fertig!«, ruft Haïfa die Familie zusammen. Aber kaum haben wir unsere karge Mahlzeit begonnen, da klopft es energisch.

»Nojoud, erwartest du schon wieder Journalisten?«, fragt Mohammad misstrauisch.

»Nein, heute nicht …«

»Na, dann ist es vielleicht der Wasserwagen, der die Zisterne auffüllt. Kommt der sonst nicht immer am Morgen?«

Mohammad erhebt sich stirnrunzelnd, den

Mund voller Brot. Mit raschen Schritten geht er zur Eisentür. Wer will uns um diese Zeit besuchen, im August, in der Mittagshitze? In der heißen Jahreszeit besucht man sich normalerweise erst gegen Abend.

Doch gleich springen wir auf.

»Fares!«, ruft Mohammad. »Fares ist wieder da!«

Ich falle fast in Ohnmacht. Fares, mein geliebter Bruder, den ich seit vier Jahren nicht gesehen habe! Meine Mutter tastet sich mit zitternden Händen an der Wand entlang zur Tür. Wir stürzen ihr alle hinterher, die kleine Rawdha will die Erste sein und drängt sich durch unsere Beine. Noch nie ist mir der kurze Weg zur Tür so weit vorgekommen.

Vor der Tür steht ein junger Mann mit sonnenverbranntem Gesicht und hohlen Wangen. Wie hat er sich verändert! Groß und schmal ist Fares geworden, nicht mehr der Heranwachsende auf dem Foto, das ich so oft betrachtet habe, um mir jedes Detail seiner Züge einzuprägen, aus Angst, sein Gesicht zu vergessen. Nun muss ich den Kopf in den Nacken legen, um ihm ins Gesicht schauen zu können. Sein Blick ist härter geworden, auf seiner Stirn zeichnen sich dunkle Linien ab, wie bei *Aba*. Er ist nun ein Mann.

»Fares! Fares! Fares!«, seufzt meine Mutter und greift nach seiner weißen Tunika, um ihn an sich zu drücken.

»Du hast uns so gefehlt«, sage ich und umarme ihn ebenfalls.

Fares steht stocksteif und stumm da. Erschöpft sieht er aus, sein Blick ist leer, fast traurig. Wo ist all sein Ungestüm hin?

»Fares! Fares!«, wiederholt Rawdha wie eine sprechende Puppe, ohne dass sie richtig begreift, dass dieser Mann ihr großer Bruder ist, der uns verlassen hat, als sie noch ein ganz kleines Baby war.

Außer dem kurzen Anruf aus Saudi-Arabien, zwei Jahre, nachdem er weggelaufen war, haben wir nichts von ihm gehört. Bis zu dem unerwarteten Anruf eines Abends im letzten Monat. *Omma* hat vor Freude aufgeschrien, als sie seine Stimme erkannte. Wir haben uns gegenseitig den Hörer aus der Hand gerissen, um ihn für einen kurzen Moment zu hören. Er klang so weit weg, so weit, doch es hat mir das Herz erwärmt, ihn noch am Leben zu wissen.

»Alles in Ordnung bei dir?«, hat mein Vater, den Tränen nahe, ihn mit erstickter Stimme gefragt.

Aba wollte alles von Fares wissen. Für wen er arbeitet. Ob es ihm dort gefällt, er gut verdient. Statt zu antworten, hat mein Bruder nur immer wieder die gleiche Frage wiederholt, eine Frage, die ihn offenbar sehr beschäftigte: »Aber ihr, wie geht es euch?«

Das Wort »euch« hat er dabei stark betont. »Ich mache mir große Sorgen um die Familie. Ich habe da Geschichten gehört … Bitte, sagt mir, dass alles in Ordnung ist.«

Er war besorgt, das hörte man seiner Stimme an. Aber um was? Er erklärte uns, dass ihm dort in der Ferne Gerüchte um unsere Familie zu Ohren gekommen seien. Ganz weit weg, in diesem Saudi-Arabien, das ich noch nicht einmal auf der Karte zeigen konnte.

Offenbar hatten ihm Leute, die aus dem Jemen kamen, berichtet, dass wir Probleme hätten, ohne Genaueres zu wissen. Und dann ist Fares eines Tages auf ein Foto von mir und meinem Vater in einer Zeitung gestoßen. Da er nie richtig zur Schule gegangen ist – er hat es schon im ersten Jahr aufgegeben –, konnte er den Artikel nicht lesen. Desto mehr hat ihn die Geschichte beschäftigt, so sehr, dass sie ihn um den Schlaf gebracht hat.

Ich bin verblüfft. Gerüchte, die von Reisenden verbreitet werden. Ein Foto in einer Zeitung. Sollte das etwa heißen, dass die Nachricht von meiner Scheidung sich über die Grenzen meines Landes verbreitet hatte? Da Fares so drängte, fasste ihm *Aba* rasch die Ereignisse der letzten Monate zusammen.

»Nun verstehe ich alles etwas besser«, antwortete mein Bruder.

»Fares, mein Sohn, bitte, komm nach Hause zurück!«, bettelte meine Mutter schluchzend.

»Ich kann nicht, ich habe dort Arbeit«, erwiderte er. Und dann war das Gespräch mit einem Mal unterbrochen.

Dieses Telefongespräch hatte vielleicht zehn Minuten gedauert, doch das genügte, um *Omma* in die tiefste Verzweiflung zu stürzen. In den Tagen danach wurde ihre Stimmung immer trüber. Nachdem sie sich so über meine Scheidung gefreut hatte, regte sie sich nun wieder über jede Kleinigkeit auf. Sie wollte ihren Sohn wiedersehen, ihn um sich haben, ihn berühren. Sie hatte einfach genug davon, dass in unserer Familie ständig jemand weglief, ständig jemand entführt wurde. Warum hatte sich das Schicksal nur so gegen sie verschworen? Hatte nicht auch sie das Recht auf ein kleines bisschen Glück, so wie andere *Ommas?*

Sie bekam wieder Alpträume und stellte sich vor, Fares nie wiederzusehen. Sie fürchtete, dass er nie mehr zu seiner Familie zurückkehren würde und uns nur angerufen habe, um sein schlechtes Gewissen zu beruhigen. Nachts konnte sie wieder nicht schlafen. Es brach mir das Herz, sie anzuschauen. Meine Scheidung hatte mir über viele Dinge die Augen geöffnet, seitdem war ich viel empfänglicher für das Unglück der anderen.

Und nun, an diesem drückend heißen Tag, ist Fares auf einmal zurückgekommen! Er ist viel stiller und schweigsamer als der Fares, an den ich mich erinnere. Aber seine dichten Wimpern und sein lockiges Haar, das ist ganz mein Bruder. Ich möchte alles von ihm wissen. Hat ihn sein Boss gut behandelt? Hat er neue Freunde gefunden in Saudi-Arabien? Dort unten gibt es doch bestimmt gute »Bizzas«?

Meine Mutter lässt ihn gar nicht mehr los. Sie zerrt ihn am Arm in das kleine Wohnzimmer. Fares ist nicht sehr gesprächig. Langsam zieht er seine Schuhe aus und setzt sich auf ein Kissen. Ich lasse ihn nicht aus den Augen. In Windeseile hat ihm *Omma* ein Glas *chai* gebracht, den er hastig in kleinen Schlucken trinkt.

»Nun, jetzt erzähle mal«, drängt mein Vater.

Fares stellt das kleine Glas auf den *sofrah*.

»Es ist mir nicht gelungen, in den vier Jahren etwas zu sparen. Tut mir leid. Wenn ich nur gewusst hätte«, murmelt er mit gesenktem Kopf.

Auf einmal wird es ganz still im Raum. Da entspannt sich sein Gesicht ein wenig, er lächelt sogar.

»Weißt du noch, *Aba?* Ich war so wütend auf dich, an dem Tag, als du mich angeschrien hast, weil ich mit leeren Händen vom Bäcker zurückkam. Ich sollte um Brot betteln, und ich habe mich so geschämt, ich war es so leid. Ich habe von einer neuen Hose geträumt, wie sie andere Jungen in meinem Alter hatten. Aber zu Hause hat es allerhöchstens für das Essen gereicht. Am nächsten Tag ist mir der verrückte Gedanke gekommen, von nun ab für mich selbst zu sorgen. Ich wollte es schaffen, richtiges Geld verdienen, mir Kleider kaufen. Also bin ich von hier weggegangen und habe mir geschworen, wenn ich eines Tages zurückkomme, dann nur, wenn ich die Taschen voller Geld habe.«

Er macht eine kleine Pause, um an seinem Tee zu nippen, bevor er fortfährt: »Im Viertel hat man erzählt, dass man in Saudi-Arabien Arbeit finden, dass man dort Geld verdienen könne, genug, um sogar noch etwas an die Familie zu schicken. Das war genau das, was ich brauchte! Ich beschloss, das Abenteuer zu wagen. Ich platzte fast vor Ehrgeiz. Was hatte ich schon zu verlieren? Ich war jung und machte mir keine Sorgen. Nie hätte ich mir vorstellen können, wie schwer das ist.

Vier Tage hat die Reise nach Saudi-Arabien gedauert. Zuerst bin ich mit einem Sammeltaxi Richtung Saada im Nordwesten des Jemen gefahren. Alle paar Kilometer wurden wir von einem Kontrollposten der Armee aufgehalten. Rasch wurde mir klar, dass die Reise lang und beschwerlich werden würde. In Saada habe ich einen Schleuser gefunden, der mir versprochen hat, mich für 5000 *Rial* über die Grenze zu bringen. Viel Geld, aber nachdem ich einmal so weit gekommen war, wollte ich nicht aufgeben. Immerhin schien er sich auszukennen. Er sagte, er kenne alle Wege und wisse, wie man es anstellen müsse, um an der Grenze nicht geschnappt zu werden. Da ich keinen Ausweis hatte, musste ich auf seine Dienste vertrauen.«

»Wir haben uns solche Sorgen gemacht! Wir haben gedacht, du bist für immer verschwunden«, unterbricht ihn mein Vater.

Fares, ganz in seine Gedanken versunken, setzt seine Erzählung fort, ohne auf die Bemerkung meines Vaters einzugehen.

»Wir sind in der Nacht zu Fuß über die Grenze gegangen. Nie in meinem Leben habe ich so große Angst gehabt. Unterwegs haben wir andere Jemeniten getroffen, manche waren jünger als ich. Sie wussten genauso wenig wie ich, was sie auf der anderen Seite der Grenze erwartete, sie hatten nur eins im Kopf: Geld verdienen. Erst unterwegs ist mir klargeworden, welches Risiko ich eingehe. Sollten mich die Soldaten erwischen, so würden sie mich sofort nach Sanaa zurückschicken.

Meine Erleichterung, über die Grenze gekommen zu sein, wurde bald von Ratlosigkeit abgelöst. Wohin nun? Ich war noch nie im Ausland gewesen. Todmüde bin ich immer weiter marschiert, bis ich nach Khamiss Mousheid gekommen bin. Was für eine Enttäuschung! Dieser Teil von Saudi-Arabien ist nicht besser dran als Sanaa. Ein Mann, den ich nach dem Weg fragte, bot mir an, die Nacht bei ihm zu verbringen. Er wohnte mit seiner Frau und seinen Kindern auf dem Land.

Am nächsten Morgen hat er mich gefragt, ob ich für ihn arbeiten will, und ich habe sofort »ja« gesagt. Ich hatte keine andere Wahl. Er war Schafzüchter und übertrug mir eine Herde von sechshundert Tieren, die ich täglich mit Hilfe eines zweiten Schäfers, eines Sudanesen, auf die Weide führte. So habe ich zwölf Stunden am Tag gearbeitet, von sechs bis achtzehn Uhr. Zusammen mit dem Sudanesen habe ich in einem winzigen Häuschen gelebt, das irgendwo ganz einsam stand. Die ganze Einrichtung bestand aus zwei kleinen Matratzen. Es gab keinen Fernseher, keinen Kühlschrank, keine Toilette, keine Klimaanlage. Ich war enttäuscht.«

Fares hält inne und schluckt. Seine Stimme droht ihm zu versagen. Sicher die Müdigkeit von der langen Reise.

»Und das waren noch lange nicht alle Enttäuschungen«, fährt er fort. »Mit jedem Tag wurde unser Boss anspruchsvoller. Wir mussten die Tiere füttern, sie tränken, sie auf die Weide führen. Der Arbeitstag wurde immer länger. Am Ende des Monats wurde mir klar, in welche Lage ich geraten war: Ich erhielt 200 *Rial* für dreißig Tage Arbeit, davon konnte ich mir gerade einmal ein paar Bonbons im Laden kaufen. Und der gehörte natürlich auch noch unserem Boss!

Ich war ratlos. Es war nicht schwierig auszurechnen, dass ich zwei Jahre arbeiten müsste, um mir überhaupt nur die Rückreise nach Sanaa zu verdienen. Ich hatte nicht einmal Geld, um euch anzurufen. Außerdem war ich zu stolz, mir mein Scheitern einzugestehen. Das erste Mal, als ich euch angerufen habe, wollte ich euch nur glauben machen, dass alles in Ordnung ist. Beim zweiten Mal, zwei Jahre später, habe ich mir wirklich Sorgen gemacht.«

Er senkt den Kopf, atmet tief durch und stößt einen Seufzer aus.

»Doch kaum hatte ich aufgelegt, da musste ich immer an die Tränen von *Omma* denken. Ich konnte nachts nicht mehr schlafen. Also habe ich mein Geld gezählt. Es war gerade so viel, um die Rückkehr nach Sanaa zu bezahlen. So habe ich mich letzte Woche von meinem Boss verabschiedet. Ich war entschlossen: Die Zeit war gekommen, nach Hause zurückzukehren.«

»Und was willst du jetzt machen?«, fragt ihn Mohammad.

»Nun, ich mache es wie alle anderen, ich verkaufe *kath* auf der Straße«, antwortet er mutlos. Wie er sich verändert hat! Fares, der so ehrgeizig war, ist nun bereit, sich bei den Verlierern einzureihen. Ich sehe ihn immer noch vor mir, wie er meinem Vater die Stirn geboten hat, ein Bild, das ich mir unauslöschlich eingeprägt habe. Ich erinnere mich auch an all den Unsinn, den er angestellt, über den sich *Aba* aufgeregt hat, der mich aber zum Lachen brachte. Wenn wir zusammen in der »Bizzeria« waren, hat er immer Papierflugzeuge aus den Servietten gefaltet und sie zu den Nachbartischen segeln lassen. Der Gedanke an ihn hat mir im April die Kraft gegeben, mich an das Gericht zu wenden. Dass er weggelaufen ist, hat mir den Mut gegeben, es ebenso zu versuchen. Ich glaube, in seiner Schuld zu stehen.

Fares besiegt, nein, das kann nicht sein. Dass er aufgibt, das hätte ich mir nie vorstellen können. Niemals. Ich fühle mich ganz elend. Eines Tages muss ich eine Möglichkeit finden, ihm zu helfen. Ich weiß zwar nicht, wie, aber irgendeine Lösung finde ich schon.

11. Wenn ich erst einmal Anwältin bin …

16. September 2008

Es ist windig geworden in Sanaa. Es ist der Wind des Spätsommers, der Vorbote kühler Abende und der ersten Regentropfen. Meine Geschwister können dann wieder mit den anderen Kindern des Viertels in den Pfützen spielen. Bald werden die Bäume gelbe Blätter haben, und die fliegenden Händler an den Straßenecken werden Umhänge verkaufen.

Für mich bedeutet dieser Wind, dass ich wieder in die Schule gehen darf, worauf ich mich so lange gefreut habe. Vor Aufregung konnte ich kaum schlafen. Vor dem Einschlafen habe ich sorgfältig die neuen Schulhefte in meinem neuen Ranzen aus braunem Segeltuch verstaut. Auf einem Blatt Papier habe ich geübt, meinen Namen zu schreiben. Und den von

Malak. Ich musste immerzu an meine frühere Klassenkameradin denken. Leider werde ich sie nicht treffen, da ich nun in eine neue Schule gehe.

Im Traum habe ich weiße Hefte gesehen, Buntstifte und viele Mädchen in meinem Alter. Seit einigen Wochen habe ich endlich keine Alpträume mehr. Ich wache nicht mehr schweißgebadet, mit feuchten Augen und mit diesem klebrigen Gefühl im Mund auf, ich denke nicht mehr an die zuschlagende Tür und die umgeworfene Öllampe. Stattdessen träume ich von der Schule. Es ist wie ein inniger Wunsch, den man laut äußert, damit er wahr wird.

Als ich an diesem Morgen die Augen geöffnet habe, hatte ich Herzklopfen. Ich bin leise aufgestanden, um mir die Zähne zu putzen und mich zu kämmen. In dem kleinen Zimmerchen lagen die Frauen der Familie noch alle schlafend auf dem Boden. Im Zimmer nebenan, wo die Männer schliefen, konnte man die Fliegen summen hören. Bevor ich meine neue Schuluniform anzog – ein grünes Kleid und ein weißes Kopftuch –, habe ich mir lange kaltes Wasser über das Gesicht laufen lassen.

»Haïfa, wach auf, wir kommen zu spät!«

Meiner kleinen Schwester fällt es nicht leicht, aufzuwachen. Ihre Haare sind zerzaust, ihr Gesicht ist vom Kissen ganz verdrückt. Ich stürze schon zur Tür, um Ausschau nach dem Taxi zu halten, während *Omma* ihr noch beim Anziehen und mit den

Schuhen hilft. Haïfa kann ihr Kopftuch nicht finden. Macht nichts, dann nimmt sie eben ein anderes. Das ist zwar etwas schmutzig, aber es ist ja nur für heute. Unser Chauffeur ist schon da. Er kommt von einer internationalen Hilfsorganisation, die unser Schulgeld und die Transportkosten übernimmt.

»Seid ihr fertig?«

»Ja.«

»Na, dann mal los!«

Mein Herz schlägt noch schneller. Stolz setze ich meinen Ranzen auf. Bevor wir in den Wagen klettern, umarmen wir *Omma*. Die kleine Rawdha, die sich an ihr Kleid hängt, winkt uns. Dann lacht sie, sie hat in der Ferne eine Herde Schafe entdeckt. Unser Häuschen liegt am Ende einer ungeteerten Sackgasse, direkt hinter einer Coca-Cola-Fabrik und einem zur Hälfte brachliegenden Feld, auf das die Schäfer morgens ihre Tiere treiben. Haïfa und ich sitzen nebeneinander auf der Rückbank und lächeln uns verständnisvoll an, als der Wagen startet. Wir brauchen uns gar nichts zu sagen, wir wissen, dass wir in diesem Augenblick beide glücklich sind. Und auch ein wenig ängstlich. Wie habe ich diesem Tag entgegengefiebert, an dem ich endlich wieder zeichnen darf, Arabisch und Mathematik lernen kann, den Koran studieren! Als ich im Februar die Schule verlassen musste, konnte ich bis hundert zählen. Nun will ich bis zu einer Million zählen lernen!

Das Gesicht an die Scheibe gepresst, werfe ich einen Blick zum blauen Himmel. Heute Morgen hat der Wind die Wolken vertrieben. Die Straßen sind noch weitgehend leer, die Händler haben die eisernen Rollläden noch nicht geöffnet. Der alte Nachbar, der immer über die Journalisten vor unserer Tür schimpft, ist noch nicht aus seinem Haus getreten, um uns von seiner Treppe aus zu beobachten. Auch vor der Bäckerei an der Ecke gibt es noch keine Schlange. Dieses Jahr fällt der erste Schultag in den Ramadan. Die halbe Stadt schläft noch.

Zum ersten Mal faste ich wie die Großen zwischen dem Morgen- und dem Abendgebet. Anfangs ist mir das bei der Hitze nicht leicht gefallen. Mein Hals war trocken, ich hatte großen Durst. Manchmal habe ich sogar geglaubt, ich würde gleich in Ohnmacht fallen. Doch ich habe diesen langen Monat der Sammlung und des Feierns schätzen gelernt, in dem man so anders lebt als im übrigen Jahr. Wenn sich am späten Nachmittag die Sonne hinter die Häuser senkt, dann essen wir Datteln, *shorba*, eine Gerstensuppe, und *floris*, kleine frittierte Bällchen aus Kartoffeln und Fleisch. Das sind typische Gerichte für den Ramadan.

Am Abend bleiben wir lange auf – bis drei Uhr morgens. In den Restaurants herrscht die ganze Nacht Betrieb, und auch in den Boutiquen und Spielzeugläden brennt lange das Licht. In der Altstadt um das Bab al-Yemen, das Jementor, gibt es kaum ein Durchkommen.

Beim ersten Aufwachen am Morgen, um fünf Uhr, zum Morgengebet, habe ich Gott dafür gedankt, mich in den letzten Monaten nicht verlassen zu haben. Ich habe ihn gebeten, mir zu helfen, mein zweites Schuljahr zu bestehen und gesund zu bleiben. Ich habe ihn auch darum geben, *Aba* und *Omma* zu helfen, Geld zu verdienen, damit meine Brüder nicht mehr auf der Straße betteln müssen und damit Fares wieder lachen kann. Wenn man nur alle Kinder zum Schulbesuch verpflichten könnte, das würde Jungen wie ihn davon abhalten, an den Kreuzungen *kath* zu verkaufen. Ich habe auch intensiv an *Jad* gedacht, meinen Großvater. Er fehlt mir sehr, aber ich bin sicher, dass er von da oben stolz auf mich herabsieht.

Das Taxi biegt in die Hauptstraße ein, die zum Flughafen führt. Wir passieren einen Kontrollposten der Armee. Davon gibt es seit einigen Monaten viel mehr, wegen der Terroristen von al-Qaida, sagt man. Wir biegen nach rechts ab, vorbei an Häusern, deren Dächer Satellitenschüsseln tragen. Vielleicht haben wir auch eines Tages einen Fernseher. Der Fahrer drückt auf einen Knopf, und die hinteren Fenster öffnen sich automatisch. In der Ferne höre ich Mädchen singen. Je näher wir kommen, desto deutlicher wird die Melodie.

»Da wären wir«, sagt der Fahrer und hält vor einem großen schwarzen Eisentor.

Die Fahrt hat kaum fünf Minuten gedauert. Ein Schauer von Begeisterung und Vorfreude durchläuft meinen ganzen Körper. Nun ist der Gesang der Mädchen so deutlich, dass ich die Worte verstehen kann – es ist ein alter Abzählreim, den ich im letzten Jahr gelernt habe. Hinter dem Tor ist meine neue Schule.

»Guten Tag, Nojoud!«

Shada! Was für eine Überraschung! Ich werfe mich in ihre Arme und drücke sie ganz fest. Sie wollte an meinem großen Tag unbedingt dabei sein. Wenn sie wüsste, wie froh ich bin, ein bekanntes Gesicht zu sehen! Das Tor öffnet sich auf einen großen, mit Kies bestreuten Hof. Das graue, zweistöckige Ziegelgebäude beherbergt etwa zehn Klassenzimmer. Alle Mädchen tragen die gleiche Uniform wie ich, grün und weiß. Ich kenne niemanden. Das macht mir ein wenig Angst. Shada stellt mich der Direktorin vor, Njala Matri, eine schwarz verschleierte Frau, von der ich nur die Augen sehe.

»*Kifalek*, Nojoud?« – »*Wie geht es dir, Nojoud?*«

Ihre Stimme ist zugleich sanft und bestimmt. Sie bittet uns, ihr ins Büro zu folgen, das am Ende des Hofes liegt. Ein rotes Tischtuch und ein Blumentopf aus Plastik schmücken den Tisch, an dem wir uns niederlassen. An der Wand hängt ein großes Bild des

Präsidenten Ali Abdallah al-Salih. Eine Sekretärin tippt an einem Schreibtisch auf einer Computertastatur herum. Als die Tür geschlossen ist, lüftet Njala Matri den *niqab*, der ihr Gesicht verhüllt. Wie schön sie ist! Sie hat blaugraue Augen, und ihre Haut ist so weiß wie Milch.

»Willkommen bei uns, Nojoud. Betrachte die Schule als dein Zuhause.«

Ich fange an, mich ein wenig zu entspannen. Sie erklärt uns, dass die Schule hauptsächlich durch Spenden der Bewohner des Viertels finanziert wird und ungefähr 500 Schülerinnen hat. In jeder Klasse gibt es vierzig bis fünfzig Kinder. Die Lehrerinnen gehen hier auf die Mädchen ein, sagt sie, und man kann sogar am Ende der Stunde zu ihnen hingehen und ihnen persönliche Fragen stellen.

Beim Zuhören wird mir immer leichter ums Herz. Und ich habe gedacht, ich könnte nie mehr in die Schule zurück. Es hatte allerdings auch eine Lehrerin gegeben, die zunächst gegen meine Aufnahme war:

»Sie müssen verstehen, sie ist kein Mädchen wie die anderen … ähm … sie hatte Beziehungen … ähm … mit einem Mann. Das könnte einen negativen Einfluss auf ihre Klassenkameradinnen haben«, hat sie Shada zugeflüstert, als wir das erste Mal hier waren.

So hat Shada zunächst andere Möglichkeiten erkundet, die zwar auch sehr reizvoll, in ihren Augen aber zu extravagant waren: eine Schule im Ausland, finanziert von einer internationalen Hilfsorganisation, oder auch eine der Privatschulen von Sanaa, wo die Mädchen schicke Kleider tragen und sich die Fingernägel lackieren. Aber war ich dafür wirklich geschaffen? War ich wirklich dazu bereit, meine Familie zu verlassen, Haïfa vor allem? Nein, nicht jetzt. Noch nicht. So habe ich mich schließlich für die Nachbarschule von Rawdha entschieden. Ich hatte es satt, immer als etwas Besonderes betrachtet zu werden. Ich wollte wie alle anderen behandelt werden. So wie meine kleine Schwester.

»Hiiiiiiiiii Nojoud! Oh, you are sooooooo cute!«

Für heute hat das nicht geklappt! Mitten auf dem Hof steht eine Frau mit blauen Augen und breiten Schultern. Ungeschickt hat sie ein blasslila Kopftuch über ihre kurzen Haare gelegt. Sie wird von Schülerinnen umringt und gestikuliert in alle Richtungen. Sie spricht laut, doch die Worte, die aus ihrem Mund dringen, sind für mich unverständliches Kauderwelsch. Eine ausländische Sprache, zweifelsohne. Meint sie etwa, dass hier ein Zoo ist? Shada erklärt mir, dass sie für »Glamour«, ein großes amerikanisches Frauenmagazin, arbeitet. Sie ist nur wegen mir in den Jemen gekommen! Das heißt, dass ich schon wieder meine Geschichte erzählen soll. Wieder und wieder. Beim bloßen Gedanken an all die persönlichen Fragen, die zu beantworten mir immer so schwerfällt, erstarrt mein Gesicht. Und die Angst, die ich endlich begraben will, steigt wieder aus dem Grund meines Herzens auf.

Da ertönt die Schulglocke. Gerettet! Einen Stab in der Hand gibt uns Najmiya, eine der Lehrerinnen, das Zeichen, uns an der Mauer aufzustellen. Ich beeile mich, ihren Anordnungen zu folgen. Dann sollen wir uns in die hölzernen Schulbänke setzen, die in zwei Reihen den Klassenraum einnehmen. Ich entscheide mich für einen Platz am Fenster. Weder ganz vorne noch ganz hinten. In der dritten Reihe, um genau zu sein, neben zwei neuen Mitschülerinnen, deren Vornamen ich noch nicht kenne. Ich hefte den Blick auf die Tafel und versuche, die Schriftzeichen zu entziffern, die die Lehrerin mit weißer Kreide anschreibt. »Ra-ma-dan Karim.« *Ramadan Karim! – »Fröhlicher Ramadan!«* Wie ein Puzzle setzt sich das Wort für mich zusammen. Und mein Herz schlägt endlich wieder normal.

Während die Lehrerin uns dazu auffordert, die Nationalhymne zu rezitieren, wird meine Aufmerksamkeit auf einmal vom Geräusch der umgeblätterten Seiten abgelenkt. Das Geräusch der Schule. Das echte Geräusch der Schule, endlich habe ich es wiedergefunden!

Einen Moment lang bleibe ich in Gedanken bei einer Geschichte hängen, die die Direktorin gerade erzählt hat: »Letztes Jahr ist eine unserer Schülerinnen von einem Tag auf den anderen nicht mehr in der Schule erschienen. Einfach so, ohne einen Grund anzugeben. Am Anfang habe ich noch gedacht, sie würde sicher wiederkommen. Und dann sind Wochen ins Land gegangen, ohne dass man etwas von ihr hörte. Bis ich schließlich vor einigen Monaten erfahren habe, dass die Kleine verheiratet worden ist und ein Kind bekommen hat. Mit dreizehn!«

Njala Matri hat das nur ganz leise zu Shada gesagt, ich sollte es nicht mitbekommen. Das hat sie sicherlich gut gemeint. Sie kann ja nicht wissen, dass in mir in den letzten Wochen ein Plan gereift ist. Ja, es ist entschieden: Wenn ich groß bin, will ich Anwältin werden, wie Shada, und für kleine Mädchen wie mich kämpfen. Ich werde mich dafür einsetzen, das Heiratsalter auf achtzehn Jahre anzuheben. Oder vielleicht auf zwanzig. Warum nicht auf zweiundzwanzig! Ich muss stark sein und hartnäckig bleiben. Ich muss lernen, keine Angst vor Männern zu haben und ihnen gerade in die Augen zu sehen. Und demnächst muss ich auch mal den Mut aufbringen, *Aba* zu sagen, dass ich es nicht gut finde, wenn er sagt, schließlich habe der Prophet Aischa auch mit neun Jahren geheiratet. Ich will wie Shada Schuhe mit hohen Absätzen tragen und mir nicht das Gesicht bedecken. Unter einem *niqab* kriegt man keine Luft! Doch bis dahin gibt es noch viel zu tun. Ich muss eine gute Schülerin werden. Nur so kann ich auf die Universität und Jura studieren. Doch mit Willenskraft kann ich es schaffen.

Die Ereignisse haben sich so überschlagen, seit ich mich an das Gericht gewendet habe, dass mir noch gar nicht klar ist, was mir eigentlich passiert ist. Das wird noch seine Zeit dauern, sicher. Zeit und Geduld. Übrigens hat mir Shada schon mehrfach vorgeschlagen, ich könnte zu einem Arzt gehen, der würde mir helfen. Jedes Mal habe ich den Termin im letzten Moment abgesagt. Es ist doch peinlich, oder, zu einem Arzt zu gehen, den man gar nicht kennt? Schließlich hat es Shada aufgegeben. Am Anfang habe ich mich furchtbar geschämt. Die Scham, die Angst, anders als die anderen zu sein, das schreckliche Gefühl der Minderwertigkeit. Ich konnte mich nicht gegen das furchtbare Gefühl wehren, dieser Sache ganz allein ausgesetzt gewesen zu sein. Das anonyme Opfer einer Geschichte geworden zu sein, die die anderen nicht verstehen können. Mich isoliert zu fühlen. Ausgeschlossen. Gedemütigt.

Doch im Laufe der letzten Wochen habe ich auch begriffen, dass mein Fall nicht einzigartig ist. Über Geschichten wie meine oder die der dreizehnjährigen Schülerin spricht man zwar selten, doch kommen sie häufiger vor, als man denkt. Vor einigen Wochen hat mich Shada mit Arwa und Rym bekannt gemacht, zwei anderen Mädchen, die wie ich die Scheidung verlangt haben. Ich habe sie ganz fest in die Arme geschlossen, wie Schwestern. Ihre Erzählungen haben mich aus der Fassung gebracht. Arwa ist mit neun Jahren von ihrem Vater gegen ihren Willen mit einem fünfundzwanzig Jahre älteren Mann verheiratet worden. Als sie von meiner Geschichte im Fernsehen erfahren hat, ist sie in das nächste Krankenhaus geflüchtet, nach Jibla, im Süden von Sanaa.

Das Leben der zwölfjährigen Rym ist nach der Scheidung ihrer Eltern aus den Fugen geraten. Ihr Vater hat sie aus Rache mit einem einunddreißigjährigen Cousin verheiratet. Nach mehreren Selbstmordversuchen hat Rym den Mut gefunden, an der Tür des Gerichts anzuklopfen.

Ich war stolz darauf, dass sie meine Geschichte zum Anlass genommen haben, sich zu wehren. Ihr Unglück hat mich tief berührt. Irgendwie fühle ich mich auch verantwortlich dafür, dass sie sich entschieden haben, sich gegen ihre Ehemänner aufzulehnen. Wenn sie vor Gericht gezogen sind, dann wegen mir. Es sind hübsche Mädchen, sie haben es nicht verdient, dass man sie gegen ihren Willen verheiratet. Ich habe viel mit ihnen gelitten. Als ich ihre unglücklichen Geschichten hörte, sah ich meine eigene wie in einem Spiegel. *»Khalass!«,* habe ich mir gesagt – *»Es ist vorbei!«* Die Ehe macht Mädchen unglücklich. Ich werde nie heiraten. Nie mehr! *Machi! Machtich!*

Oft muss ich an die Geschichte von Mona denken. Auch ihr hat sich das Leben nicht von seiner schönsten Seite gezeigt. Vor einer Woche ist meine große Schwester Jamila endlich aus dem Gefängnis freigekommen! Dort hat sie die Zelle mit echten Kriminellen teilen müssen, darunter Frauen, die ihren Ehemann getötet hatten! Doch zu Hause hat man über solche Dinge nicht gesprochen. Seit langem ist unsere Familie endlich wieder vereint. Doch die Freude währte nicht lange, bald haben die Streitereien wieder angefangen, und erst kürzlich haben sich auch meine Schwestern wieder gezankt. Um Jamila zu retten, hat Mona schließlich das berühmte Papier unterzeichnet. Doch sie ist natürlich sauer darüber. Sie wirft ihr vor, die Familie entzweit zu haben. Zwischen ihnen wird es nie mehr so werden wie zuvor. Letztlich ist aber ihr Mann daran schuld. Manchmal denke ich, ich muss mit Fares sprechen und mir von ihm versprechen lassen, dass er ganz zärtlich ist, wenn er sich eines Tages verheiratet.

Ein Flugzeug zieht über den Himmel und hinterlässt einen langen, weißen Kondensstreifen. Es wird immer größer und größer, gleich landet es auf dem nahe gelegenen Flughafen. Ob es aus Frankreich kommt, oder aus Bahrain? Welches dieser Länder ist näher? Ich werde Shada fragen. Eines Tages werde ich auch fliegen, ich werde bis ans andere Ende der Welt reisen. In so ein Flugzeug sollen dreihundert Menschen reinpassen, habe ich gehört. Ein Nachbar, der neulich aus Saudi-Arabien zurückgekehrt ist, hat mir erzählt, drinnen sähe es aus wie in einem großen Wohnzimmer, man würde Zeitungen lesen und könne sich etwas zu essen bestellen. In einem Flugzeug essen alle mit richtigem Besteck. Wie in der »Bizzeria«!

Die helle Stimme der Lehrerin reißt mich aus meinen Gedanken: »Wer will uns die erste Sure des Korans aufsagen?«, fragt sie an die ganze Klasse gewandt.

Begeistert und mutig wie schon lange nicht mehr, strecke ich die Hand in die Luft, sehr hoch, damit alle mich sehen können. Komisch, diesmal habe ich mir vorher gar nicht überlegt, ob ich mich melden soll oder nicht. Ich habe mich nicht gefragt, was *Aba* darüber denkt oder was die Leute hinter meinem Rücken tuscheln mögen. Ich, Nojoud, zehn Jahre alt, ich habe mich entschieden, auf eine Frage zu antworten. Und diese Entscheidung hängt von niemand anderem ab.

»Nojoud?«, wiederholt die Lehrerin und schaut in meine Richtung.

Mein Eifer ist ihr nicht entgangen.

Ich hole tief Luft, erhebe mich von meiner Sitzbank und stelle mich kerzengerade auf. Ich suche in meinem Gedächtnis die Koranverse, die ich letztes Jahr gelernt habe:

»Im Namen Allahs, des Allerbarmers,
des Barmherzigen!
Alles Lob gebührt Allah, dem Herrn der Welten,
dem Allerbarmer, dem Barmherzigen,
dem Herrscher am Tage des Gerichts!
Dir allein dienen wir, und Dich allein
bitten wir um Hilfe.
Führe uns den geraden Weg,
den Weg derer, denen Du Gnade erwiesen hast,
nicht den Weg derer,
die Deinen Zorn erregt haben,
und nicht den Weg der Irregehenden.«

Feierliche Stille breitet sich im Klassenzimmer aus.

»Bravo, Nojoud. Gott möge dich beschützen!«, applaudiert mir die Lehrerin und ermuntert die anderen Schüler, einzustimmen. Ihre Augen wandern weiter durch die Klasse, auf der Suche nach der nächsten Kandidatin.

Lächelnd setze ich mich wieder hinter mein Pult.

Wenn ich mich umschaue, entfährt mir automatisch ein Seufzer der Erleichterung. In meiner grünweißen Uniform bin ich eine von fünfzig Schülerinnen der Klasse. Ich bin eine Schülerin im zweiten Schuljahr. Ich habe heute meinen ersten Schultag wie Tausende andere kleine Jemenitinnen. Wenn ich heute Nachmittag nach Hause komme, dann habe ich Hausaufgaben zu machen, Bilder zu malen.

Heute habe ich endlich das Gefühl, wieder ein kleines Mädchen geworden zu sein. Ein ganz normales Mädchen. Wie vorher. Ganz einfach.

NACHWORT

AM SÜDLICHEN ENDE der Arabischen Halbinsel, zwischen dem Roten Meer und dem Indischen Ozean liegt Nojouds Heimat Jemen. Ein Land, das auf eine tausend Jahre alte Geschichte zurückblickt und dessen kleine Lehmtürme sich hoch oben zwischen unzähligen Bergkämmen verstecken. Ein Land, in dem der Weihrauchduft durch die Gassen schwebt und das Träume wachruft von längst vergangenen Zeiten.

Einst war der Jemen das Reich der Königin von Saba, die das Herz Salomos eroberte und die man noch heute in den heiligen Büchern der Bibel und des Korans wiederfindet. Es ist ein mysteriöses Land, in dem die Männer nie ohne ihre geschwungenen

Dolche hinausgehen, die stolz in den Gürteln prangen, und die Frauen sich hinter dicken schwarzen Schleiern verbergen.

Früher zogen auf der alten Handelsstraße die Karawanen durch, beladen mit Gewürzen und kostbaren Stoffen. Ihre Reise dauerte Wochen, manchmal gar Monate, führte durch Regen oder Sturm. Angeblich kamen nur die Stärksten wieder nach Hause zurück.

Im Laufe der Jahrhunderte gab es zahlreiche Versuche, den Jemen zu erobern. Die Äthiopier marschierten mit ihren Bögen und Pfeilen ein, wurden aber schnell zurückgedrängt. Als Nächstes kamen die Perser, die zahlreiche Kanäle und Festungen bauten, Jahrhunderte später versuchten die Portugiesen ihr Glück, indem sie das Land teilweise kolonialisierten. Danach kamen die Osmanen und blieben über hundert Jahre. Sie ließen sich im Norden nieder, während die Engländer im Süden, in Aden, eintrafen. Als die Briten sich wieder zurückzogen, waren es die Russen, die sich nun für den Süden interessierten. Schließlich wurde aus dem Jemen ein geteiltes Land.

Seit Jahren haben die Besatzungsmächte das Land nun schon verlassen, doch seitdem ist der Jemen in einer endlosen Folge von Bürgerkriegen versunken, deren Hintergründe kaum zu durchschauen sind. Obwohl das Land 1990 wiedervereinigt wurde, leidet es immer noch unter zahlreichen Konflikten. Es lässt sich nicht eindeutig sagen, wer in diesem Land, in dem die Kinder auf der Straße betteln, anstatt zur Schule zu gehen, für Ordnung sorgt.

Das Porträt des Staatsoberhaupts hängt zwar in vielen Schaufenstern und Geschäften. Tatsächlich wird der Jemen jedoch vor allem von Stammesführern regiert, die über Leben und Tod entscheiden. Egal, ob es um Waffenhandel, Hochzeiten oder den *Kath*-Anbau geht, sie sind es, die in Wahrheit das Sagen haben. Immer wieder gibt es Konflikte. Sogar in den noblen Vierteln von Sanaa, in denen die Ausländer wohnen, kommt es mitunter zu Explosionen. Häufig sind es religiöse Fanatiker, die hinter diesen Anschlägen stecken – im Namen Allahs. Und in den Häusern sind es die Männer und die großen Brüder, die über das Wohl der Familie entscheiden.

So war es auch im Fall der kleinen Nojoud, die den Mut hatte, sich gegen die Tradition ihres Landes zu wehren.

In ihrem schönen lilafarbenen Kleid strahlt sie die Menschen an, die sich um sie scharen, dabei lässt sie die Hand ihrer Anwältin Shada Nasser keine Sekunde los. Sie bewegt sich unauffällig und schüchtern, aber ihr Blick ist entschlossen.

»Noch ein Bild!«, rufen die Paparazzi ihr zu.

Es ist der 10. November 2008: Das jüngste geschiedene Mädchen der Welt hat gerade in New York den von der Zeitschrift GLAMOUR verliehenen »Woman of the Year«-Award erhalten. Mit ihren zehn Jahren teilt sie diese unerwartete Auszeichnung mit der Schauspielerin Nicole Kidman, der amerikanischen Außenministerin Condoleezza Rice und Hillary Clinton, die um ein Haar Präsidentschaftskandidatin geworden wäre. Es ist überwältigend für ein kleines Mädchen aus dem Jemen, das von heute auf morgen vom anonymen Opfer zur modernen Heldin wurde – und das sich eigentlich nichts sehnlicher wünscht, als ein ganz normales Leben zu führen.

Nojoud hat diesen Preis wirklich verdient. Sie hat gewonnen, und sie ist stolz darauf. Es ist ebendieser Stolz, der mir bei unserer ersten Begegnung im Juni 2008 – zwei Monate nach ihrer Scheidung –, als ich einen Artikel über sie schreiben wollte, gleich an ihr auffiel.

Sehr erwachsen wirkte sie, als sie mir am Telefon ausführlich erklärte, wie ich ihr bescheidenes Haus in den verschlungenen, staubigen Gassen von Dares, einem Vorort von der Hauptstadt Sanaa, finden könnte. Als ich ankam, wartete sie neben der Tankstelle auf mich. Sie war in einen schwarzen Schleier gehüllt, ihre kleine Schwester Haïfa im Schlepptau.

»Ich werde neben dem Süßwarenverkäufer auf Sie warten«, hatte sie mir am Telefon gesagt – und dabei wurde mir klar, was für eine Naschkatze sie ist, wie alle Kinder in ihrem Alter.

Mandelförmige Augen, ein Puppengesicht, ein süßes Lächeln. Auf den ersten Blick ist sie ein ganz gewöhnliches Mädchen, das Süßigkeiten mag, von einem Fernseher träumt und mit ihren Geschwistern Fangen spielt. Aber tief in ihrem Herzen ist sie eine richtige kleine Dame, die zu früh erwachsen werden musste und heute lächelt, wenn die Frauen, die sie auf der Straße erkennen, ihr zurufen: »Mabrouk!« – »Gratuliere!«

»Nojouds Scheidung hat bislang verschlossene Türen geöffnet«, sagte mir vor kurzem Husnia al-Kadri, die Leiterin des Instituts für Frauenangelegenheiten an der Universität von Sanaa. Sie hat im Zuge einer aktuellen *Studie* herausgefunden, dass über die Hälfte der jemenitischen Mädchen vor ihrem achtzehnten Lebensjahr verheiratet werden.

Umso mehr gibt Nojouds Geschichte Anlass zur Hoffnung. In diesem Land auf der Arabischen Halbinsel, in dem die Verheiratung von kleinen Mädchen zu jenen Traditionen gehört, die bis dato für unumstößlich galten, hat Nojouds mutiger Schritt anderen Mädchen Mut gemacht, sich ebenfalls gegen ihr Schicksal zu wehren. Nach Nojouds Gang vor Gericht sind zwei Mädchen, die neunjährige Arwa und die zwölfjährige Rym, ihrem Beispiel gefolgt und wollen nun ebenfalls die Scheidung ihrer Zwangsehen erwirken. In Saudi-Arabien stand vor kurzem in einer Lokalzeitung, dass eine Achtjährige die Scheidung eingereicht hat, nachdem ihr Vater sie ohne ihr Wissen mit einem fünfzigjährigen Mann verheiratet hatte; nun zieht das zuständige Gericht in Erwägung, dem Antrag Folge zu leisten. Ein einmaliges Ereignis in diesem ultrakonservativen Land.

Dank Nojouds Sieg können jemenitische Frauenrechtsorganisationen das Parlament jetzt besser unter Druck setzen, um zu erreichen, dass das legale Mindestalter für die Eheschließung angehoben wird. Offiziell können Mädchen nicht vor ihrem fünfzehnten Lebensjahr verheiratet werden. Allerdings ermöglicht eine Gesetzesänderung von 1999, dass sie schon eher verheiratet werden können, solange die Ehe nicht vor der Geschlechtsreife der Braut vollzogen wird. Allerdings gibt es nur wenige Männer, die warten ...

Nojoud ist wahrscheinlich noch gar nicht bewusst, dass sie ein Tabu gebrochen hat. Dadurch, dass die Nachricht von ihrer Scheidung einmal um die ganze Welt gegangen ist, hat die Mauer des Schweigens, die in vielen islamischen Ländern noch immer unüberwindbar ist, zu bröckeln begonnen.

Vielleicht berührt diese Geschichte auch uns so sehr, weil sie uns den Spiegel vorhält. Im Abendland gehört es heutzutage zum guten Ton, sich über das Schicksal der muslimischen Frauen zu entrüsten. Dabei sind vorzeitige Eheschließungen und häusliche Gewalt keineswegs Probleme, die nur in islamischen Staaten auftreten. Auch in Frankreich, Italien und Deutschland werden viele Frauen tagtäglich von ihren Ehemännern misshandelt. Nicht zu vergessen der Fall von Waren Jeffs, der als Anführer einer texanischen Mormonen-Gemeinschaft die Trauung von vierzehnjährigen Mädchen in Amerika höchstpersönlich beaufsichtigte, bevor seine Organisation 2008 zerschlagen wurde.

Im Jemen ist die Religion nur einer der Gründe, die die Väter dazu verleiten, ihre Töchter vor der Pubertät zu verheiraten. »Die Armut, die fehlende Schulbildung und die Kultur tragen ebenfalls dazu bei«, erinnert Husnia al-Kadri. Familienehre, Angst vor dem Ehebruch, Abrechnungen zwischen rivalisierenden Stämmen – die von den Eltern angeführten Erklärungen sind ebenso zahlreich wie vielfältig. In den ländlichen Gebieten, fügt die Wissenschaftlerin hinzu, gibt es sogar ein Sprichwort, das besagt: »Eine Hochzeit mit einem neunjährigen Mädchen ist der Garant einer glücklichen Ehe.«

Das Problem ist leider, dass für die meisten Jemeniten die vorzeitige Eheschließung zu den üblichen Bräuchen gehört. »Vor kurzem ist ein neunjähriges Mädchen drei Tage nach ihrer Hochzeit mit einem Saudi-Araber gestorben. Ihre Eltern hätten sich lauthals beschweren müssen. Aber das Gegenteil ist passiert. Sie haben sich beim Ehemann entschuldigt, als hätten sie schlechte Qualität geliefert, und ihm die siebenjährige Schwester als Wiedergutmachung angeboten«, erzählte mir Nadia al-Saqqaf, die Chefredakteurin der »Yemen Times«. Während Nojouds Widerstand für uns ehrenhaft ist, stellt er für die Anhänger der Tradition einen Skandal dar und rechtfertigt für Extremisten sogar einen Ehrenmord.

Nach New Yorks Prunk und Glanz hat der Alltag der kleinen jemenitischen Heldin also wenig mit einem Märchen gemein.

Wie sie es sich gewünscht hat, ist Nojoud zu ihren Eltern zurückgekehrt. Aber während ich diese Seiten schreibe, bleibt ihre Zukunft noch ungewiss. Zurzeit leidet die Kleine nach wie vor unter dem Druck, den ihre großen Brüder und ihre Nachbarn auf sie ausüben. Sie stehen der internationalen Aufmerksamkeit, die durch die Scheidung geweckt wurde, kritisch gegenüber. Die Nachbarn beschweren sich über das Kommen und Gehen der ausländischen Kamerateams. Und unter den vielen Leuten, die kommen, um Nojouds Geschichte zu hören, sind viele, die keine guten Absichten haben. Unfassbar ist, dass Nojouds Exehemann freigesprochen wurde. Ihre Familie hat keinen Kontakt mehr zu ihm, und niemand weiß, wo er sich aufhält.

Auch Shada Nasser ist nicht vor Drohungen sicher. Kritiker beschuldigen sie, ein negatives Bild vom Jemen zu verbreiten. In der Provinz tun derweil NGOs ihr Bestes, um die ländliche Bevölkerung für die Gefahren der vorzeitigen Eheschließungen zu sensibilisieren. Um die Gemüter zu schonen und gleichzeitig die Aufmerksamkeit zu wecken, muss die Organisation OXFAM ihre Worte sorgfältig wählen. Anstatt vom »legalen Mindestalter für Eheschließungen« zu sprechen, verwendet sie lieber den Ausdruck »sicheres Alter«, wobei sie deutlich auf die Gefahren einer vorzeitigen Ehe hinweist: psychologische Traumata, Wochenbettmortalität, Schulabgang. Aber ihr Engagement gestaltet sich äußerst schwierig. »Mehrere unserer Mitarbeiter, die vor Ort tätig sind, wurden von den örtlichen Scheichs bedroht und beschuldigt, den Islam nicht zu respektieren und die abendländische dekadente Lebensart zu propagieren«, erzählte mir Souha Bashrn, eine der Leiterinnen des Programms.

In Nojouds Viertel leuchten die Lichter nicht so hell wie in New York. Im Winter ist es kalt, und es gibt keine Heizung. In Sanaa kann man die Abendgarderobe nur hinter Schaufenstern bewundern. Jeden Morgen muss Nojoud für die ganze Familie Brot kaufen gehen. Und wenn für das Abendessen oder die Miete nicht genug Geld übrig bleibt, müssen die kleinen Geschwister auf der Straße betteln gehen.

Trotz aller Widrigkeiten hat sich das kleine, geschiedene Mädchen wieder auf den Schulweg gemacht. Die Erlöse aus diesem Buch werden es ihr ermöglichen, ihr Jurastudium zu finanzieren, um Anwältin zu werden, so wie sie es sich wünscht. Und vielleicht wird sie damit auch ein Haus bauen können.

Jedes Mal wenn ich Nojoud in Sanaa besuche, bringe ich ihr Buntstifte mit. Sie setzt sich dann auf den Boden des bescheidenen Wohnzimmers ihrer Eltern und zeichnet immer wieder dasselbe bunte Haus mit den vielen Fenstern. Einmal habe ich sie gefragt, ob es ein Haus, eine Schule oder ein Internat sei.

Mit einem breiten Lächeln hat sie mir geantwortet: »Es ist das Glückshaus. Das Haus, in dem die glücklichen kleinen Mädchen wohnen.«

Delphine Minoui
im Dezember 2008

Glossar

Aba: arabisches Wort für »Papa«

aïd: Das *aïd*-Fest findet am Ende des Fastenmonats Ramadan statt

al-Huthi: Von 2004 bis zum Sommer 2008 standen sich unweit der nordjemenitischen Stadt Saada in einem komplizierten und blutigen Konflikt Regierungstruppen und Huthi-Rebellen gegenüber. Deren Mitglieder entstammen den Zeiditen, einer Minderheit der schiitischen Glaubensrichtung (die Mehrheit der Jemeniten sind Sunniten). Die Huthis stellen zugleich religiöse, soziale und politische Forderungen.

Amma: wörtlich »Tante« oder »Onkel«, wird auch verwendet als Bezeichnung für die Schwiegermutter

balto: langer schwarzer Mantel

bin-al-sahn: Nachspeise auf Honigbasis

chahada: Glaubensbekenntnis, eine der fünf Säulen des Islams

chai: Gewürztee

fatah: Rinderragout

Fehlgeburten: Die Kindersterblichkeitsrate im Jemen sowie die Rate der Frauen, die im Wochenbett sterben, zählen zu den höchsten der Welt.

floris: kleine frittierte Bällchen aus Kartoffeln und Fleisch

foul: Frühstücksmahlzeit, weiße Bohnen mit Zwiebeln und Tomatensoße

gesetzliches Mindestalter für Eheschließung: Das abgeänderte Eherecht, das 1999 in Kraft trat, erlaubt den Eltern, ihre Töchter auch unter 15 Jahren zu verheiraten, vorausgesetzt, dass der Ehemann verspricht, seine Ehefrau unangetastet zu lassen, solange sie nicht geschlechtsreif ist. Diese hinlänglich unklare Bedingung ist jedoch willkürlichen Auslegungen ausgesetzt und wird selten eingehalten.

haj: große Pilgerreise nach Mekka

haram: der Begriff bedeutet »verboten« oder »unerlaubt«, wird aber auch oft als Ausruf verwendet, um Erstaunen oder Mitleid zu bekunden. Zum Beispiel: »Die Arme!«

Inch'Allah: so Gott will

Jad: arabisches Wort für Großvater

jambia: jemenitischer Dolch

kath: Die nach altüberliefertem Ritual genossenen *kath*-Blätter haben eine anregende Wirkung und können für eine Weile Hunger und Müdigkeit vertreiben. In zahlreichen Ländern gehört das *kath* in die Kategorie der Rauschmittel und ist verboten. Im Jemen ist es jedoch frei erhältlich und sogar das wichtigste landwirtschaftliche Erzeugnis des Landes. Heute werden knapp zwei Drittel der Wasserreserven des Jemen für den *Kath*-Anbau benutzt.

khaleh: arabisches Wort für »Tante«

khobz: jemenitisches Fladenbrot

Kinderhändler: Als Folge der Armut, die im Jemen herrscht, ist der Handel von jemenitischen Kindern nach Saudi-Arabien ein Missstand, der besonders Kinder aus sozial benachteiligtem Milieu trifft, die nicht zur Schule gehen. Nach Angaben von lokalen Organisationen brechen 30 Prozent der Kinder im Schulalter, die in der Nähe der Grenze leben, alljährlich auf, um ihr Glück in Saudi-Arabien zu versuchen. Ihre Arbeitsbedingungen dort sind äußerst prekär, und obgleich dieses Thema in den Familien tabu bleibt, konnten einige Fälle von sexuellem Missbrauch aufgedeckt werden.

Kifalek: Wie geht es dir?

Lesen und schreiben: In der jemenitischen Provinz sind über 50 Prozent der Einwohner Analphabeten.

mabrouk: Herzlichen Glückwunsch!

mahram: Angehöriger der direkten Verwandtschaft

Mitgift: hat im Jemen eine große soziale und wirtschaftliche Bedeutung. Über die Höhe verhandeln die Männer beider Familien.

niqab: Gesichtsschleier, der das Gesicht bis auf die Augen verdeckt. Wird von muslimischen Frauen im Jemen, in Saudi-Arabien, Bahrein, Katar und anderen arabischen Ländern getragen.

Omma: arabisches Wort für »Mama«

Oud: traditionelles arabisches Parfum, gewonnen aus dem Agarbaum

oud: traditionelle Kurzhalslaute

OXFAM: unabhängige Hilfsorganisation, die sich weltweit gegen Hunger, Armut und soziale Ungerechtigkeit einsetzt. Neben Not- und Soforthilfe in Krisen- und Kriegsregionen liegt der Schwerpunkt auf der Entwicklungsarbeit. Hier leistet die Organisation insbesondere in den Bereichen Frauenförderung, Gesundheit und Bildung wertvolle Arbeit.

ramadan karim: Fröhlicher Ramadan!

rial: jemenitische Währung; 1 € = ca. 300 Rial

salta: Rinder- oder Schafsragout in Bockshornkleesoße

Shada Nasser: 1999 erregte Shada Nasser Aufsehen, als sie Amina Ali Abdul Latif verteidigte, die mit zehn Jahren verheiratet und infolge der Anklage wegen Mordes an ihrem Mann zum Tode verurteilt wurde. Nach einer überwältigenden Mobilisierung wurde die Todesstrafe schließlich 2005 aufgehoben. Nach knapp zehn Jahren hinter Gittern wurde Amina freigelassen, doch lebt sie aus Angst vor Racheakten vonseiten ihrer Schwiegereltern an einem versteckten Ort.

shafout: eine Art großer Pfannkuchen, auf den man mit Zwiebeln und Knoblauch verfeinerten Joghurt streicht

sharaf: Familienehre

shokran: Danke!

shorba: Gerstensuppe

sighar: Tauschehe, ein alter Brauch, der in den jemenitischen Provinzen und in sozial benachteiligten Schichten noch recht verbreitet ist. Er besteht darin, die kleine Schwester des Ehegatten als *Mitgift* der Schwiegerfamilie anzubieten.

sofrah: Decke, die vor einer Mahlzeit auf dem Boden ausgebreitet wird

Studie: »Early marriage in Yemen. A baseline study to combat early marriage in Hachamait and Hodeyda gouvernates, Sanaa University, 2006«

tandour: traditioneller jemenitischer Ofen zur Zubereitung des *khobz*-Brotes

walesh: arabisch für »Monster«

Ya beint: Hey, Mädchen

zakat: Almosen für Bedürftige, eine der fünf Säulen des Islam *zanna:* traditionelle Tunika, die man in den Dörfern Nordjemens trägt

Danksagung

Wir möchten uns von ganzem Herzen bei allen bedanken, die uns bestärkt und unterstützt haben, die Geschichte von Nojoud aufzuschreiben. Sie ist ein Vorbild geworden für andere Mädchen und hat bereits einigen von ihnen Mut gemacht, ebenfalls für ihre Rechte einzutreten.

Unser besonderer Dank gebührt vor allem Shada Nasser, der Anwältin von Nojoud, ebenso wie den Richtern am Gerichtshof von Sanaa, Mohammad al-Gahzi, Abdo und Abdel Waheb.

Ein großes Dankeschön an das gesamte Team der »Yemen Times«, vor allem an die Chefredakteurin Nadia Abdulaziz al Sakkaf und den ehemaligen Mitarbeiter Hamet Thabet, der mittlerweile politischer Berater an der deutschen Botschaft im Jemen ist.

Wir sind außerdem Husnia al-Kadri zu großem Dank verpflichtet, der Leiterin des Instituts für Frauenangelegenheiten an der Universität von Sanaa. Sie hat uns geholfen, die Hintergründe der Zwangsehen besser zu verstehen.

Unsere zahlreichen Gespräche mit der Organisation OXFAM, insbesondere mit Wameedh Shakir und Souha Bashreen, waren uns ebenfalls eine große Hilfe.

Vielen Dank an Njala Matri, der Schulleiterin im Stadtviertel Rawdha, die Nojoud die Möglichkeit gegeben hat, wieder am Unterricht teilzunehmen.

Wir möchten außerdem Eman Mashour unseren ganz besonderen Dank aussprechen, denn ohne sie wäre dieses Projekt nie zustande gekommen. Ihr Engagement für die Frauen im Jemen, ihre Geduld und ihre Fähigkeiten als Übersetzerin waren für uns sehr wertvoll.

Ein herzliches Dankeschön an Borzou Daragahi für seine Unterstützung und seinen Enthusiasmus für dieses Buch.

Zu guter Letzt gilt unser Dank Hyam Yared und Martine Minoui für ihre Zeit und ihre Anregungen zum Text.

Dieses Buch ist Arwa, Rym und all den kleinen Mädchen im Jemen gewidmet, die von der Freiheit träumen.

Delphine Minoui und Nojoud Ali